SUCESSO NOS EXAMES!

© 2012 Jane Revell e Jack Scholes

Preparação de texto
Paulo Verano

Capa e projeto gráfico
Paula Astiz

Editoração eletrônica
Laura Lotufo / Paula Astiz Design

Assistente editorial
Aline Naomi Sassaki

Ilustrações
Beccy Blake, Carlos Cunha e Mal Peet

Dados Internacionais de Catalogação na Publicação (CIP)
(Câmara Brasileira do Livro, SP, Brasil)

Revell, Jane
  Sucesso nos exames! : como se preparar e enfrentá-los com confiança / Jane Revell e Jack Scholes . -- Barueri, SP : DISAL, 2012.

  ISBN 978-85-7844-109-8

  1. Concursos, exames, etc. 2. Sucesso I. Scholes, Jack. II. Título.

12-07112   CDD-158

Índices para catálogo sistemático:
1. Sucesso nos exames : Psicologia aplicada   158

Todos os direitos reservados em nome de:
Bantim, Canato e Guazzelli Editora Ltda.

Alameda Mamoré 911 – cj. 107
Alphaville – BARUERI – SP
CEP: 06454-040
Tel./Fax: (11) 4195-2811
Visite nosso site: www.disaleditora.com.br
Televendas: (11) 3226-3111

Fax gratuito: 0800 7707 105/106
e-mail para pedidos: comercialdisal@disal.com.br

Nenhuma parte desta publicação pode ser reproduzida, arquivada ou transmitida de nenhuma forma ou meio sem permissão expressa e por escrito da Editora.

JANE REVELL e **JACK SCHOLES**

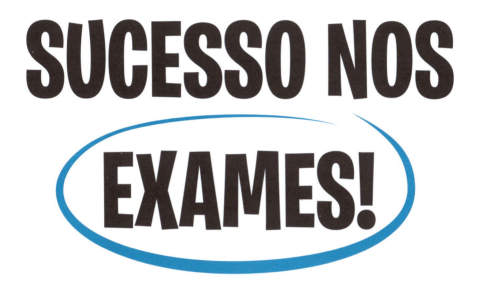

SUCESSO NOS EXAMES!

COMO SE PREPARAR E ENFRENTÁ-LOS COM CONFIANÇA

SUMÁRIO

	COMO USAR ESTE LIVRO	**7**
	INTRODUÇÃO	**11**
CAPÍTULO 1	**CRIANDO E MANTENDO A MOTIVAÇÃO**	**13**
1	LEMBRE-SE DE SEUS MOTIVOS PARA FAZER O EXAME	14
2	EXPRESSE SEUS OBJETIVOS DE FORMA CLARA E OS EXPLORE	16
3	USE A SUA IMAGINAÇÃO	20
4	VOCÊ NÃO ESTÁ VENDO? PRATIQUE A VISUALIZAÇÃO	23
5	OUSE SONHAR	25
6	FALE COM OUTRAS PESSOAS SOBRE TUDO ISSO	30
CAPÍTULO 2	**REVISANDO DE FORMA EFICAZ E DIVERTIDA**	**33**
1	ORGANIZE SEU TEMPO PARA REVISÃO	34
2	TRANSFORME AS INFORMAÇÕES	36
3	USE ESTRATÉGIAS PARA AJUDÁ-LO A SE LEMBRAR	40
4	FAÇA REVISÕES REGULARMENTE	46
5	VOCÊ! SIM, VOCÊ!	48
CAPÍTULO 3	**APRENDENDO SOBRE SEUS ESTILOS DE APRENDIZAGEM**	**55**
1	O MODELO DE PREFERÊNCIAS SENSORIAIS	56
2	DE PREFERÊNCIAS A ESTRATÉGIAS PRÁTICAS	59
3	DESENVOLVENDO SEUS SENTIDOS MENOS DOMINANTES	61
4	INTELIGÊNCIAS MÚLTIPLAS	64
5	IMPLICAÇÕES DE IMS PARA VOCÊ COMO ESTUDANTE	66

CAPÍTULO 4 ESTRATÉGIAS PARA ESTIMULAR SUA CONFIANÇA PARA O EXAME: TIGRE — 69

1. TIGRE: INTRODUÇÃO — 70
2. T: TRANSFORMAR SEUS PENSAMENTOS — 72
3. I: IMAGINAR SEU SUCESSO — 76
4. G: GANHAR AUTOCONFIANÇA — 81
5. R: RELEMBRAR SUAS REALIZAÇÕES — 84
6. E: EXERCITAR CORPO E MENTE — 88
7. POUCO ANTES DO EXAME — 92

CAPÍTULO 5 OBSERVE AS REGRAS DO JOGO DO EXAME — 97

1. PARA QUALQUER TIPO DE EXAME — 98
2. PARA OS EXAMES ORAIS OU PRÁTICOS — 99
3. PARA OS EXAMES ESCRITOS — 101
4. AFIE SEU MACHADO! — 111
5. VIRE SUAS PROVAS. FAZENDO UM EXAME ESCRITO — 112

CAPÍTULO 6 ALGO MAIS — 121

1. DICAS PARA MOMENTOS DIFÍCEIS — 121
2. DE ONDE VÊM AS IDEIAS? — 123
3. PERGUNTAS PARA AJUDÁ-LO A DESCOBRIR SUAS PREFERÊNCIAS SENSORIAIS — 125
4. PERGUNTAS PARA FAZER VOCÊ PENSAR SOBRE SUAS PRINCIPAIS INTELIGÊNCIAS MÚLTIPLAS — 128
5. TESTE DE LEITURA CUIDADOSA — 133

BIBLIOGRAFIA — 135

SOBRE OS AUTORES — 139

COMO USAR ESTE LIVRO

Se desejar, e se tiver tempo suficiente, você poderá ler o livro na sequência, do começo ao final. A leitura completa, além de agradável, traz ótimas informações sobre os diferentes aspectos do processo de exames como um todo.

Porém, conforme suas necessidades e interesses, você também poderá ir diretamente a um capítulo específico.

Por exemplo, se você não está muito entusiasmado para fazer o exame, e está com dificuldade para estudar e rever a matéria, então você poderá encontrar algumas ideias úteis no CAPÍTULO 1, que propõe uma visão sobre a situação como um todo, olhando para além do exame em si, a fim de ajudá-lo a encontrar a motivação perdida.

Se você tem um monte de anotações e livros cheios de informações que precisam ser revistos, mas a tarefa lhe parece muito desanimadora, ou se você não sabe por onde começar, o CAPÍTULO 2 traz muitas técnicas para transformar as informações em conhecimento, de modo que elas se tornem fáceis de administrar e também de memorizar.

Já se você deseja saber mais sobre como as pessoas aprendem, e mais sobre suas próprias estratégias de aprendizagem, o CAPÍTULO 3 o ajudará a ter consciência de como aprender melhor, para que você possa escolher, de maneira intencional, estratégias para maximizar sua aprendizagem.

Se, no entanto, já está quase na hora de fazer o exame e você está começando a entrar em pânico, então vá direto ao CAPÍTULO 4: "TIGRE"! Nesse capítulo há conselhos sobre como lidar com o nervosismo característico dos exames, para que você possa dar o seu melhor e sair-se bem.

Mas, se você não tiver muita certeza sobre os exames que vai prestar nem exatamente sobre o que está envolvido, então o CAPÍTULO 5 será ideal: ajuda-o a descobrir tudo isso, para que depois você possa praticar suas habilidades em exames para atender a esses requisitos... E passar!

E, no CAPÍTULO 6, há algo mais...

Divirta-se!

Jane e Jack

"A Viagem Mais Longa Começa Com Um Único Passo."

"As ovelhas não ensinaram o rapaz a falar árabe... As ovelhas, entretanto, tinham ensinado uma coisa muito mais importante: que havia uma linguagem no mundo que todos compreendiam... Era a linguagem do entusiasmo, das coisas feitas com amor e com vontade, em busca de algo que se desejava ou em que se acreditava. 'Quando você deseja uma coisa, todo o Universo conspira para que possa realizá-lo', havia falado o velho rei."

Paulo Coelho, O Alquimista

INTRODUÇÃO

Há muito tempo, quando Jack era um jovem estudando na Inglaterra para o vestibular, ninguém nunca o ensinou ou ajudou a saber como se preparar para exames e enfrentá-los com confiança. A pressão dos professores era muito grande, mas Jack era um bom aluno e tinha todas as condições de ser aprovado facilmente por uma boa universidade para estudar alemão. No dia de um dos exames mais importantes, ele estava muito estressado, se sentia uma pilha de nervos, e simplesmente "esqueceu" que era um exame de duas horas de duração e não três, como todos os outros exames, e se deu mal. Resultado – nota baixa, muita tristeza e frustração, e mais um ano de estudos árduos para conseguir entrar na Universidade de Liverpool. Hoje, Jack diz : "Bem que eu poderia ter aproveitado muito se houvesse um livro como este naquela época!".

Não muito tempo atrás, após o treinamento para se tornar uma instrutora de Pilates em um conhecido centro de Londres, Jane se submeteu aos exames. Primeiro os exames escritos de anatomia e teoria. Ela tirou 88% em anatomia e 91% em teoria. Seis meses depois, ela fez o exame prático. Ela tinha de ensinar alguns exercícios de Pilates para uma turma de alunos, e fazer isso com precisão, clareza e segurança. Ela tem mais de 60 anos de idade, havia muito tempo que não fazia nenhum tipo de exame, e havia se submetido a uma cirurgia de grande porte para a "substituição" completa do quadril. Ela passou no exame com seu "novo" quadril e com distinção. Ela explica: "Para me preparar para aqueles exames, e estar mentalmente preparada no dia, eu usei estratégias – os tipos de estratégias que há neste livro – e elas realmente me ajudaram".

Elas podem funcionar para você também – se você se decidir a usá-las. Precisará experimentá-las e *praticá-las* para que elas se tornem fáceis, e para que estejam a sua disposição quando você mais precisar delas.

Talvez você pense que não se trata de estratégias. Será que o motivo não é outro: que simplesmente algumas pessoas *sabem* como passar nos exames? Que elas são realmente talentosas ou inteligentes por natureza? Provavelmente. Algumas pessoas são assim mesmo. Mas não muitas. A maioria de nós não sabe *instintivamente* como passar nos exames. Para começar, ser aprovado em exames não é exatamente uma coisa muito natural, e a maioria de nós tem que dedicar-se a isso. Dizem que Thomas Edison falou que o processo de invenção é de apenas 1% de inspiração para 99% de transpiração.

Então, aqui estão algumas estratégias para ajudá-lo a transpirar proveitosamente! Assim como aprender qualquer nova estratégia, não é suficiente apenas ler sobre elas. Ler é um bom começo, mas você também precisa *praticar regularmente* para ter as habilidades de que precisa quando… mais precisar delas! Ou seja… em momentos de muita pressão.

NOTA IMPORTANTE

Este livro é sobre aproveitar ao máximo todo o processo de exames. Não é sobre conseguir um certificado, independentemente se você vai realmente aprender algo útil no processo. É sobre ser aprovado em um exame – escrito, oral ou prático –, mas, na verdade, é também sobre aprender habilidades ou conhecimentos ao longo do caminho, e ser capaz de lembrar e fazer uso disso mais tarde. E – sabe de uma coisa? – trata-se também de se divertir no processo!

CAPÍTULO 1

CRIANDO E MANTENDO A MOTIVAÇÃO

1. LEMBRE-SE DE SEUS MOTIVOS PARA FAZER O EXAME
2. EXPRESSE SEUS OBJETIVOS DE FORMA CLARA E OS EXPLORE
3. USE A SUA IMAGINAÇÃO
4. VOCÊ NÃO ESTÁ VENDO? PRATIQUE A VISUALIZAÇÃO
5. OUSE SONHAR
6. FALE COM OUTRAS PESSOAS SOBRE TUDO ISSO

O **CAPÍTULO 1** tem o objetivo de estimular e manter o entusiasmo. Talvez "entusiasmo" não seja bem a palavra certa para você. Um pouco exagerada demais? Nesse caso, esta seção pode ao menos ajudá-lo a se *comprometer* o suficiente para seguir o rumo até o fim e terminar todo o processo.

Você está pronto para tentar fazer o melhor que puder?

1. LEMBRE-SE DE SEUS MOTIVOS PARA FAZER O EXAME

"Quem tem um porquê para viver pode suportar quase qualquer como."
FRIEDRICH NIETZSCHE

É sempre possível que você esteja fazendo um exame apenas para se divertir – mas, nesse caso pouco provável, você talvez nem precise ler este livro. É quase certo que, se estiver fazendo um exame, você tenha um bom motivo: é o *meio para um fim* e não um fim em si mesmo. É um passaporte para novas possibilidades: uma vaga na universidade, a permissão para dirigir um carro, um emprego melhor e/ou diferente... todo tipo de motivos.

Tudo isso parece muito óbvio, mas às vezes nós ficamos tão obcecados pelo exame em si e tão empenhados em passar, que ignoramos do que se trata e o que vem depois disso. Nós paramos de ter a perspectiva geral e nos esquecemos por que, afinal, estamos fazendo o exame. Quando isso acontece, pode ser difícil manter-se motivado. E, sem uma boa motivação, é provável que a nossa preparação para o exame sofra.

1

Portanto, antes de fazer qualquer coisa, pare um momento e...

1. Apenas **diga a si mesmo por que o seu exame é importante**. Pergunte a si mesmo o que passar nesse exame vai significar para você e quais as portas que se abrirão. **Faça isso agora. Agora** *mesmo*!

2. Diga seus pensamentos em voz alta algumas vezes e, em seguida, **anote os seus motivos** em uma folha de papel. Você pode desenhar uma imagem em vez disso – ou, se desejar, até fazer as duas coisas.

3. Depois, **coloque o papel** em algum lugar onde você possa vê-lo muitas vezes. Você pode até fazer várias cópias e afixá-las em lugares diferentes.

> Outra opção é escrever, em um caderno/agenda/diário, celular ou *notebook*, ou seja, em algo que está sempre com você e pode ser lido com facilidade. Ou, ainda, você pode deixar bem à vista escrito no papel de parede do seu computador.
> E, naturalmente, você pode fazer uma combinação de todos os itens mencionados acima.

Quando você se sentir desanimado ou desmotivado, olhe para os seus lembretes para retomar o bom caminho e manter o rumo.

Definir uma intenção de manhã estabelece o tom para o seu dia. Hoje, crie uma intenção para si mesmo, que faça você sorrir.

NOTA IMPORTANTE

Algumas pessoas passam muito tempo – e gastam muita energia – se concentrando no que poderá acontecer se for *reprovado* no exame. Embora tal modo pessimista de pensar possa ser um ponta pé inicial útil, não é uma maneira sábia de se abordar um exame a longo prazo. Você tende a conseguir aquilo no que está focando. Se você se concentrar muito em ser *reprovado*, então provavelmente você será… *reprovado*!

Para que você tenha mais clareza em seus motivos, leia a próxima seção.

2. EXPRESSE SEUS OBJETIVOS DE FORMA CLARA E OS EXPLORE

"Suas próprias palavras são os tijolos e a argamassa dos sonhos que você deseja realizar."
Anônimo

Quanto mais claros forem seus motivos para passar no exame, mais você será capaz de manter sua motivação, mesmo que as coisas se tornem difíceis. Tudo indica que as pessoas que têm objetivos claros têm muito mais chance de alcançá-los. O simples ato de escrever nossos objetivos ajuda a esclarecê-los. Isso também nos torna mais comprometidos. Só pensar sobre os objetivos não tem o mesmo efeito. Mas não se trata apenas de escrevê-los de qualquer jeito. Temos diversas opções para expressar o que queremos. Portanto, escolher uma forma de afirmar um objetivo em vez de outra pode influenciar enormemente as nossas chances de sucesso. Enquanto uma forma de expressar um objetivo pode suavizar o nosso caminho em direção a ele, a outra pode impor barreiras.

Devido à importância de expressar os objetivos de uma maneira que nos ajude, ao invés de uma que não nos ajude, vários modelos úteis foram criados para nos guiar. Talvez o mais conhecido deles seja o SMART. Já ouviu falar? **w** é a sigla em inglês de um modelo frequentemente usado em contextos corporativos, que nos pede para verificar se o nosso objetivo é *Specific* (Específico), *Measurable* (Mensurável), *Achievable* ou *Attainable* (Alcançável ou Atingível), *Realistic* (Realista) e *Timely* (Oportuno/conveniente). Se você quiser saber mais – e desejar aplicar os critérios para seus próprios objetivos – pesquise no Google!

Em vez, ou além do modelo SMART, você pode usar outro mais simples, como o AIM (em português, a palavra inglesa *aim* significa "objetivo" e "alvo"), e verificar se o seu objetivo para além do exame preenche os critérios: *Afirmativa*, *Impacto*, e *Meios*. Se isso acontecer, então você está pronto para caminhar em direção ao seu objetivo e usá-lo para se manter no rumo certo para passar nos seus exames.

A - PARA - AFIRMATIVO

O seu objetivo trata do *que você quer* ou do que você *não quer*? Às vezes, os objetivos do tipo *"Eu não quero..."* são essenciais para a gente poder começar. Por exemplo : *"Eu não quero outro ataque cardíaco!"* pode ser um enorme catalisador para iniciarmos um estilo de vida saudável, mas o efeito é muitas vezes a curto prazo. Com o passar do tempo, é fácil esquecer-se dos perigos e problemas e retornar para os nossos velhos hábitos. Para manter a motivação a longo prazo, também precisamos de uma meta positiva que é atraente e magnética.

"Eu não quero ser reprovado no exame porque..."
torna-se → *"Eu quero ser aprovado no exame a fim de..."*

"Eu não quero ficar neste emprego sem futuro."
torna-se → *"Eu quero um emprego interessante, com possibilidades de..."*

"Eu não quero trabalhar como caixa no supermercado toda a minha vida."
torna-se → *"Eu quero ir para a universidade para estudar..."*

E assim por diante.

CAPÍTULO 1   CRIANDO E MANTENDO A MOTIVAÇÃO

> **2**
>
> Dê uma olhada de novo nos pensamentos que você escreveu na última seção.
> Você expressou seus objetivos de forma negativa ou positiva?
> Se você os expressou de forma negativa, então **pare um momento *agora* para escrever um objetivo adicional *afirmativo*** que lhe agrade. Isto é importante para que você possa "Usar a sua imaginação", que é o nome da próxima seção.

I - PARA - IMPACTO

Qual vai ser o impacto do seu objetivo em você, nos seus amigos e em sua família? Às vezes, nos esquecemos de que cada mudança feita na nossa vida tem consequências. Pare e pense por um momento quais serão as consequências de você alcançar seu objetivo. Se houver consequências negativas, pode ser necessário repensar as coisas um pouco – ou sobre o objetivo em si, ou talvez sobre a maneira como você está lidando com ele. Onde existem consequências positivas para você e para os outros, agarre-as com força. Lembre-se deles de vez em quando, especialmente se por um acaso você ficar desanimado.

> **3**
>
> Adicione todas as consequências positivas de ser aprovado no **seu exame** para o lembrete que você criou na seção anterior.

M - PARA - MEIOS

A palavra meios tem dois sentidos:
1. "Meios" no sentido de *recursos*. Pergunte-se: Você tem o que precisa para atingir esse objetivo?
2. "Meios" no sentido de *controle*. Pergunte-se: Este objetivo está sob seu controle? (É sobre *você* ou é sobre *outra* pessoa?)

Recursos podem ser recursos materiais, como tempo ou dinheiro, ou recursos de personalidade, como determinação ou paciência. Se você ainda não tem alguns dos recursos de que precisa, vai precisar planejar como consegui-los ou desenvolvê-los. Estes planos podem vir a ser submetas de que você precisa alcançar no caminho para seu objetivo principal e é útil tê-los em mente, o quanto antes.

> **4**
>
> **Escreva uma lista de recursos que você já tem** que irão ajudá-lo a atingir seus objetivos.
>
> **Escreva uma segunda lista de recursos que você ainda precisa** adquirir. Como você vai fazer isso?

Controle tem a ver com a quem se destina o seu objetivo. A única pessoa que você pode mudar – e, portanto, a única pessoa para quem você pode ter um objetivo – é *você*. Ter como objetivo o que uma outra pessoa deve fazer, ou como deve se comportar, viola esse critério para um objetivo bem definido. Se for esse o caso, pense novamente. Porque não é exatamente assim que as coisas acontecem.

"Quero que as pessoas fiquem impressionadas"
seria mais bem definido como → *"Eu quero ter um ótimo desempenho."*

É claro que nunca podemos ter controle completo sobre nossas vidas, dado que as coisas que estão totalmente fora de nosso controle podem atrapalhar os planos mais bem elaborados. Na medida do possível, porém, precisamos assumir a responsabilidade por tudo o que fazemos e reconhecer que as escolhas que fazemos são – em geral – só nossas. Nós não podemos escolher a mão que a vida nos dá, mas podemos escolher como reagir a ela e como jogá-la.

> **5**
> **Verifique se o seu objetivo é para *você* e não para *outras* pessoas.**
> Se for para outras pessoas, então pare um momento agora e expresse seu objetivo de uma forma que trate de *você*.

Depois de ter explorado o seu objetivo pós-exame usando os modelos AIM e/ou SMART, e de ter expressado o que você quer de uma forma útil e objetiva, então você está pronto para passar para a próxima seção.

3. USE A SUA IMAGINAÇÃO

"Eu amo atuar. É muito mais real que a vida."
OSCAR WILDE

Uma das chaves para uma aprendizagem bem-sucedida – e para ser aprovado nos exames – é a capacidade de visualizar. Se somos capazes de ver algo com clareza em nossa mente, então podemos recordar isso à vontade e mais facilmente. Muitas vezes, as pessoas que conseguem grandes êxitos em suas vidas ensaiam seu sucesso com antecedência. E não apenas uma vez na noite anterior. Eles imaginam isso *dia após dia*, às vezes para um evento que irá ocorrer em um futuro bem distante. David Hemery fala sobre esse fenômeno em seu livro *Sporting Excellence* (Excelência nos Esportes): ele conta como atletas de primeira linha se imaginam ganhando repetidas vezes, antes mesmo de competir de verdade. Sally Gunnell, a atleta britânica que, na década de 1990, ganhou quatro títulos ao mesmo tempo para a corrida de 400 metros, fez uma apresentação em 2007, quando ela falou sobre ganhar a medalha de ouro olímpica em Barcelona em 1992. Ela disse:

3. USE A SUA IMAGINAÇÃO

"Eu realmente acredito que, se você sabe o que quer fazer na vida, se você visualizar isso, se você se imagina conseguindo isso, seja o que for, é assim que os resultados vêm."

Então comece a visualizar!

Na verdade, "visualizar" pode não ser a melhor palavra a ser utilizada, porque implica no uso de apenas um sentido: os seus olhos interiores. Usamos a frase "use a sua imaginação" para indicar que há outros sentidos em jogo aqui, além do sentido visual. Quando você imagina algo na sua cabeça, você não apenas vê isso. Você ouve isso e você sente isso também. O seu olfato ou seu paladar podem até estar envolvidos.

Assim, no caso de correr uma maratona, por exemplo, você pode se ver cruzando a linha de chegada, sorrindo para os outros atletas, vendo as multidões de pessoas e ouvindo sua torcida – sentindo-se exausto e energizado e alegre, tudo ao mesmo tempo.

> **6**
>
> Escolha um objetivo que você começou a explorar nas últimas duas seções e o imagine. **Veja, ouça e sinta-se conseguindo o que você quer com o maior grau de detalhamento possível.**
>
> Veja você mesmo. Veja as pessoas ao seu redor. Veja os ambientes. Ouça o que você e os outros estão dizendo. Ouça os sons adicionais que fazem parte da cena. Há alguma música? (Será que ajudaria se você a colocasse?) Que sensações externas você sente? O que você está tocando? Quais sensações você percebe em seu corpo? Como é que tudo isso afeta você emocionalmente? Há algum cheiro ou gosto especial que você associa com essa cena? Acrescente-os. Faça isso agora, e pare por um momento para, de fato, sentir e apreciar a cena.

E não deixe de fazer isso regularmente no futuro também. No início, é fácil de esquecer – até que você estabeleça isso como parte de sua rotina. Por isso, é uma boa ideia fazê-lo sempre no mesmo horário, todos os dias. Escolha um horário que você pode manter: talvez todas as noites, logo depois de terminar de escovar os dentes, por exemplo, ou todas as manhãs, enquanto você coloca as meias!

É claro que não é suficiente *apenas* ensaiar mentalmente, como alguns livros costumam sugerir. Você também precisa *agir* e trabalhar nas coisas que vão aproximar você de seus objetivos na vida, incluindo estudar para qualquer exame relevante.

Você se lembra do que Thomas Edison disse sobre inspiração e transpiração? Apesar de somente o ensaio mental não ser suficiente, ele é um elemento crucial que muitas vezes é ignorado. Nós vamos encontrá-lo novamente na letra I da palavra TIGRE, no CAPÍTULO 4. Lembre-se de *fazer isso* e não se esqueça de fazê-lo *regularmente*.

4. VOCÊ NÃO ESTÁ VENDO? PRATIQUE A VISUALIZAÇÃO

*"Eu vejo claramente, agora que a chuva já passou.
Eu vejo todos os obstáculos no meu caminho.
As nuvens escuras que me cegaram já foram embora.
Vai ser um dia brilhante, ensolarado."*
Johnny Nash, cantor e compositor, 1972

Temos falado muito sobre a importância crucial de visualização, de olhar *para frente*. E também é bom lembrar o quanto é importante olhar *para trás*. Uma das chaves para uma aprendizagem bem-sucedida – e para ser aprovado nos exames – é a capacidade de visualizar. Se somos capazes de ver algo com clareza em nossa mente, então podemos recordar isso à vontade e mais facilmente.

Quando se conta para as pessoas sobre a importância da capacidade de visualizar, muitas vezes elas jogam suas mãos para cima horrorizadas e gritam: "Socorro! *Eu* não consigo visualizar!". Não é verdade. **Todo mundo consegue visualizar**. Nós não vemos todos os mesmos *tipos* de imagens – as imagens de algumas pessoas são muito claras, enquanto as de outras pessoas podem ser bastante vagas ou desfocadas – e nem todos nós visualizamos com a mesma facilidade, mas **todos nós podemos fazer isso**. (Se não pudéssemos visualizar como é a nossa casa ou apartamento, nunca seríamos capazes de encontrá-la novamente, e haveria milhões de pessoas perdidas todos os dias, vagando pelas ruas.)

Como podemos melhorar isso? É muito simples. A resposta é... *praticar*. Como vimos na introdução a este livro, a genialidade é 1% de inspiração e 99% de transpiração. Quanto mais você pratica, melhor você irá ficar. Aqui estão alguns exercícios práticos para você experimentar.

7

Durante alguns momentos, olhe atentamente para um objeto que esteja na sua frente. Agora olhe para o teto* e feche os olhos.
Tente lembrar-se do objeto nos mínimos detalhes. Depois, olhe de novo para ele e verifique se estava correto.
Faça isso várias vezes ao dia – mas, de preferência, evite fazer isso quando você estiver dirigindo seu carro ou andando de bicicleta!

* Um movimento dos olhos para cima está ligado à parte 'visual' de seu cérebro, e, assim, ajuda você a ativar essa parte e visualizar.

8

Você também pode praticar com fotos, figuras, tabelas ou textos em um livro, diário, revista ou jornal.
Olhe para qualquer imagem por um momento. Depois, vire a página e a recorde na sua imaginação com o maior grau de detalhamento que puder.
Olhe de novo para a imagem e verifique se estava correto.

> **9**
>
> No começo deste livro, havia um desenho para ilustrar "A viagem mais longa começa com um único passo". De quantos detalhes da ilustração você ainda consegue se lembrar?
>
> Faça um esboço do que você consegue se lembrar e, em seguida, olhe de novo na página 9 e confira.
>
> Não se preocupe se no início você achar isso difícil no início. A prática leva à perfeição!

5. OUSE SONHAR

> *"Antes de planejar, você precisa ter seu sonho."*
> WALT DISNEY

Como as metas ligadas a seus exames – e para além deles – se encaixam no contexto maior? Como se encaixam no rumo geral da sua vida? Essas são grandes questões, e que não são simples de responder. Mas é importante pensar sobre elas. Se não, corre-se o risco de gastar muito tempo e energia para alcançar objetivos que, a longo prazo, acabam ficando sem muito sentido para você. Se começar a considerar o contexto maior agora, porém, isso o ajudará a tomar decisões sábias a longo prazo. Você precisa ser um *líder* de sua própria vida, além de ser um administrador dela.

PENSANDO DE CIMA PARA BAIXO

> *"Não há maneira certa de fazer a coisa errada."*

Ousar sonhar trata de *liderança* pessoal e de ter conhecimento do rumo que sua vida está tomando. Em seu livro *Os 7 Hábitos das*

Pessoas Altamente Eficazes, Stephen Covey faz uma distinção muito clara entre liderança e gerenciamento, utilizando a metáfora de um grupo de pessoas abrindo caminho na floresta com machados. Os trabalhadores fazem de fato o corte de árvores. Os gerenciadores planejam o cronograma, decidem a rota e afiam os machados dos trabalhadores. Com todos concentrados nos seus afazeres, as coisas poderiam continuar assim para sempre, se não fosse o líder, que sobe na árvore mais alta, olha ao redor e grita: "Estamos na mata errada!".

Você está na mata certa?

Um velho provérbio diz: "A árvore esconde muitas vezes a floresta".

Você tem uma visão clara da sua floresta ou será que as árvores estão bloqueando a sua visão?

Declarações de missões organizacionais não são novidade, mas o que Covey sugere aqui é escrever uma declaração de missão *pessoal* sobre o que queremos ser e fazer na nossa vida. Uma declaração que expressa o que somos na nossa essência, e para onde queremos ir.

Não, não é necessariamente fácil! Nem é algo que a maioria das pessoas pode fazer da noite para o dia. Mas, uma vez que você comece a moldá-lo, verá que é um guia muito útil, que o ajudará a priorizar tudo o que faz. Sempre que tiver de decidir sobre um determinado rumo, você pode se perguntar: "Isso está de acordo com o meu objetivo geral?" (ou "Estou na mata certa?"!).

Aqui está um exemplo, só para lhe dar uma ideia, mas não se sinta obrigado a usá-lo – a sua missão pode ser muito diferente.

Minha missão* é fazer uma diferença positiva na vida das outras pessoas.

10

Comece a escrever uma declaração de missão pessoal agora.

Pergunte-se: "Como é que o meu objetivo de fazer o exame condiz com a minha missão pessoal?"

Quando você consegue perceber uma conexão muito clara, isso aumenta a sua motivação.

Se você não consegue encontrar nenhuma ligação, então isso pode ser um indício de que você pode estar na mata errada. Se for esse o caso, não se preocupe: é bom ter essa informação o quanto antes, e significa que você pode fazer as alterações necessárias antes de cortar árvores demais.

---

* Se você não gostar da palavra "missão", fique à vontade para mudar para algo que lhe diga mais. Visão? Objetivo geral? Aspiração?.... ou qualquer outra palavra que sirva para *você*.)

PENSANDO DE BAIXO PARA CIMA

Uma forma alternativa para explorar a conexão entre seus objetivos e um objetivo maior é analisar de baixo para cima o que você ganha em cada etapa. Este exercício serve para enfatizar o que está em jogo e, portanto, tornar seus objetivos ainda mais atraentes.

Por exemplo, uma vez Jack perguntou para um professor particular qual era seu objetivo, e ele respondeu: "Eu quero ter mais alunos". Ao perguntar para ele: "Se você tivesse mais alunos, o que você ganharia com isso?", ele respondeu: "Eu ganharia mais dinheiro". Jack então perguntou: "Se você tivesse mais dinheiro, o que você ganharia com isso?". Aí ele respondeu: "Eu compraria a casa dos meus sonhos".

11

1. Procure um lugar tranquilo e com privacidade.
2. Lembre-se do motivo de fazer o exame (que você trabalhou nas seções anteriores). Fale o seu objetivo em voz alta.
3. Então **pergunte para si mesmo**:

Se eu alcançasse esse objetivo, o que eu ganharia com isso?*

Fale a resposta em voz alta.

4. Agora faça para você mesmo esta pergunta novamente, desta vez a respeito da resposta que acaba de dar.

Continue a fazer e a responder perguntas desta forma até que não consiga ir mais alto!

* A pergunta é expressa com cautela, utilizando a palavra *se* e um verbo no *subjuntivo*. Se você quiser ser mais definitivo, pode, em vez disso, perguntar: *Quando* eu alcançar esse objetivo, o que eu ganho com isso?)

PENSANDO DE OUTRA MANEIRA, SEM PALAVRAS

Uma última sugestão para esta seção é explorar o seu sonho através de um canal diferente: ilustrações em vez de palavras.

12

Faça um desenho ou um rabisco para conectar seu objetivo futuro e sua situação atual.

1. Pegue uma folha de papel A4 em branco e coloque-a na posição "paisagem" (longitudinalmente). Divida-a em três seções mais ou menos iguais.

2. A seção mais à direita é o seu sonho ou objetivo no **futuro**. É a sua meta; é onde você quer estar. Faça um desenho, algum tipo de representação disso na terceira parte do seu papel, no lado direito. Seu desenho pode ser tão realista ou tão abstrato quanto assim você o desejar. Você está fazendo isso para si mesmo, não para qualquer outra pessoa.

3. A seção mais à esquerda é onde você está **agora** em relação ao que você quer no futuro. Faça um desenho, algum tipo de representação disso na terceira parte da sua folha de papel, no lado esquerdo. Isso não precisa ser uma obra de arte, a menos que você queira.

4. A seção do meio representa uma possível transição a partir de agora para o futuro, e você pode fazer isso de duas formas.

a) Você pode desenhar algo que ligue os dois lados de uma forma muito consciente e deliberada.

OU

b) Você pode colocar a caneta na outra mão (aquela que você não usa normalmente para escrever), rabiscar à vontade e ver o que aparece.

Esta segunda opção pode parecer um pouco bizarra, mas bem que poderia lhe dar algumas percepções ou *insights* mais profundos do que a primeira abordagem. Confie no seu inconsciente!

5. Agora, explorando seu desenho, o que você percebe que pode ser útil na busca de seu sonho?

CAPÍTULO 1   CRIANDO E MANTENDO A MOTIVAÇÃO

> *"Estabeleça os objetivos mais ambiciosos possíveis.*
> *A única coisa que pode impedi-lo é você mesmo."*
> STELLA ENGLISH, VENCEDORA DO PROGRAMA DE TV
> "THE APPRENTICE" (O APRENDIZ), 9 DE DEZEMBRO 2010

6. FALE COM OUTRAS PESSOAS SOBRE TUDO ISSO

> *"Eu acredito cada vez mais que o que é mais importante*
> *para mim tem de ser falado, verbalizado e compartilhado,*
> *mesmo correndo o risco de tê-lo machucado ou malcompreendido."*
> AUDRE LORDE (POETA AMERICANO)

Jane se lembra da seguinte situação:

"Nas primeiras vezes em que eu tentei parar de fumar, nas décadas de 1980 e 90, de propósito eu não contei a ninguém o que eu estava fazendo. Isso foi para me resguardar no caso de eu fracassar. Se eu não conseguisse, então ninguém ia saber que eu tinha tentado parar. Esta psicologia do tipo "dar um tiro no próprio pé" fez todo o sentido para mim na época, provavelmente, porque eu não queria mesmo parar de fumar naquele momento. Meu segredo me permitiu abandonar facilmente os meus objetivos malplanejados, sem que ninguém soubesse ou tivesse conhecimento, exceto eu, é claro!

Mas, no dia em que eu finalmente *decidi* parar de fumar – há mais de dez anos –, eu contei *mesmo* para as pessoas. Eu contei para todos. Todos! Até para a mulher do caixa de nosso supermercado local. Além de se tornar muito mais difícil para eu desistir, isso também garantiu que eu tivesse muito apoio das pessoas ao meu redor, principalmente naqueles momentos em que eu estava com muita vontade de voltar a acender um cigarro. Sem o apoio de meus amigos e de minha família, eu provavelmente não teria tido êxito."

Jack acrescenta:

"Eu também perdi muitos anos tentando parar de fumar sem contar para ninguém. Finalmente, com muita vergonha na cara, contei para todo mundo sobre os meus repetidos fracassos sofridos em silêncio, e anunciei até o *dia exato* em que eu iria parar de vez. Só assim que eu consegui! Quando você verbaliza sua intenção e a divulga abertamente, publicamente, além do apoio da família e dos amigos, o Universo também conspira a seu favor!"

Então a lição é: fale com as pessoas. Conte para as pessoas o que você quer fazer depois dos exames e por que isso é importante para você. Ao fazer isso, você fortalece seus objetivos, comprometendo-se verbalmente: quanto mais você os disser em voz alta, mais eles agirão como afirmações. Seus pensamentos tornam-se suas palavras, e suas palavras tornam-se suas ações.

Ao mesmo tempo, muitas vezes você irá obter alguma ajuda inesperada e conselhos úteis. As pessoas vão falar coisas que você não havia considerado e apontar caminhos que você poderá explorar de forma útil. Certamente haverá um monte de sugestões indesejadas e inúteis também, é claro, mas você pode escolher.

13
Vá! Conte para alguém. *Faça isso agora mesmo.*

CAPÍTULO 2

REVISANDO DE FORMA EFICAZ E DIVERTIDA

1. ORGANIZE SEU TEMPO PARA REVISÃO
2. TRANSFORME AS INFORMAÇÕES
3. USE ESTRATÉGIAS PARA AJUDÁ-LO A SE LEMBRAR
4. FAÇA REVISÕES REGULARMENTE
5. VOCÊ! SIM, VOCÊ!

O CAPÍTULO 2 trata de assimilar e reciclar as informações e as habilidades de que você precisa para passar no seu exame, de uma maneira eficaz e também divertida.

1. ORGANIZE SEU TEMPO PARA REVISÃO

"A falta de planejar é planejar para falhar."
ALAN LAKEIN (AUTOR ESPECIALIZADO EM GESTÃO DO TEMPO)

Planeje seus horários de estudo: a partir de agora até os exames. Inicie com a intenção de manter isso o quanto puder, mas também esteja preparado para ser flexível e se adaptar.

Estabeleça a meta de fazer pouco, frequentemente e regularmente, em vez de fazer muito e apenas na última hora! Por quê? Porque é uma maneira muito mais sábia de estudar a longo prazo, se você realmente quiser se lembrar de quantidades significativas do material que está aprendendo. Estudando apressadamente, um pouco antes do exame, você somente irá se lembrar das coisas num prazo muito curto. Com essa abordagem, você poderá até ser aprovado com uma nota mínima no exame, mas não irá se lembrar de muito depois disso. Outro perigo de um estudo apressado é que ele poderá deixá-lo cansado e em pânico exatamente no momento em que você mais precisará estar se sentindo no seu melhor.

Estabeleça metas razoáveis – que levem em consideração atrasos –, porque haverá momentos em que você não estará bem, ou em que algo inesperado aconteça, e você precisará parar para lidar com isso. Ficar atrasado no cronograma pode ser bastante desencorajador, ou até mesmo induzir ao pânico. Incluir tempo para eventuais atrasos faz com que isso não aconteça. Pelo contrário, você poderá até mesmo se encontrar adiantado no cronograma que estabeleceu, e isso é muito motivador!

Como planejar? Se você tiver um calendário *on-line*, então um jeito é bloquear os espaços.

Caso contrário, compre um quadro de planejamento em forma de cartaz, que abrange o período de que você precisa, e coloque-o em algum lugar visível. Um quadro tipo lousa é uma boa ideia, porque permite que você faça mudanças conforme o tempo vai passando. Ou você pode simplesmente fazer o seu próprio quadro de planejamento, usando uma grande folha de cartolina ou papel. Para assegurar a flexibilidade, escreva nele a lápis, ou, melhor ainda, use pequenos *post-its* para que você possa mudá-los de posição.

Depois que você tiver marcado as datas dos exames, divida o programa durante o período remanescente em segmentos que você considere gerenciáveis. Certifique-se de que está fazendo as partes essenciais em primeiro lugar. Para tomar essa decisão, verifique no programa (ou fale com o seu professor/instrutor/técnico) – assim você saberá o que é ou não é crucial para ser aprovado no exame (veja também CAPÍTULO 5). Se as prioridades do exame entrarem em conflito com seus próprios interesses, você terá de tomar algumas decisões pragmáticas.

Imediatamente antes do exame, deixe vários dias absolutamente livres. Será uma oportunidade para revisar o material novamente e integrar tudo. Isso também lhe dará um tempo extra para recuperação, caso precise.

14
Comece a planejar seu cronograma de estudos. *Faça isso agora*.

2. TRANSFORME AS INFORMAÇÕES

"Todos podem transformar o mundo de um mundo de monotonia sem brilho para um mundo de emoção e aventura."
IRVING WALLACE (AUTOR E ROTEIRISTA NORTE-AMERICANO)

Qual é o seu ponto de partida para a revisão? Documentos que estão no seu computador? Arquivos cheios de anotações escritas a mão? Manuais ou livros didáticos? Redações que você escreveu? O Código de Trânsito? É bem provável que o uso de qualquer uma dessas coisas como sua principal fonte de revisão não é a melhor maneira de lembrar de informações para um exame. Há simplesmente coisas demais – desestruturadas e monótonas.

É muito útil transformar as informações em uma ferramenta de revisão acessível. Por duas razões. Uma delas é que o próprio ato de transformá-las faz com que você olhe o material novamente de uma forma cuidadosa e focada. A segunda razão é que, tendo transformado, podado e moldado o material de uma forma que lhe convier, você ficará com algo controlável que pode verificar de uma maneira mais rápida e mais fácil, quantas vezes você sinta que há necessidade.

Então, como você pode transformar seu material principal? Bem, na verdade, cabe a você decidir. Aqui estão algumas possibilidades para experimentar e tentar descobrir quais funcionam melhor para você.

CRIAR MAPAS MENTAIS

Um dos pontos-chave sobre mapas mentais é que refletem como o cérebro funciona, isto é, de uma forma de pensamento irradiante em vez de linear, e assim eles nos ajudam a fazer novas conexões e a se lembrar melhor das coisas.

Então, como você cria um mapa mental?

Você coloca uma folha de papel na posição de paisagem (em vez de retrato), e começa com uma ideia central ou título do tópico, ou da questão do exame. Então você cria desenhos que partem de um único centro, a partir do qual são irradiadas em direções diferentes as informações relacionadas.

Aqui está um exemplo simples, sobre mapas mentais!

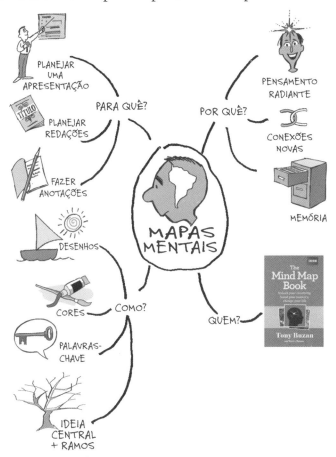

Existem diversas "leis" sobre mapas mentais, as quais propõem a utilização de muitas cores e tantas imagens quanto possível em vez do uso de muitas palavras, e assim por diante. Tal abordagem permite maior flexibilidade na reinterpretação do seu mapa e também se torna mais fácil de lembrar. Mas não há problema em experimentar. O melhor é descobrir que tipo de mapa funciona melhor para você, e isso pode muito bem mudar, é claro, com o assunto que você está lidando. Se você fizer uma busca no Google sobre "mapa mental", irá encontrar muitas informações e orientações. (Veja também o livro *The Mind Map Book* (O Livro de Mapas Mentais), de Tony Buzan.)

USE FICHAS DE ARQUIVO

Jane recomenda:

"Quando eu estava estudando para meu exame de História da Arte, alguns anos atrás, eu usei fichas de arquivo de tamanho grande. Na frente, escrevi o nome do pintor, escultor ou movimento etc. e, na parte de trás, anotei palavras-chave com datas e citações. Depois, usei as cartas para testar a mim mesma: eu selecionava uma ao acaso, recordava a informação tanto quanto pudesse e, em seguida, virava o cartão para verificar. (É perfeitamente possível lembrar das informações silenciosamente, mas você poderá achar, como eu, que é realmente mais útil falar isso em voz alta.)

Fiz algo semelhante com o exame de anatomia que eu mencionei na introdução deste livro, mas, desta vez, eu usei fichas pequenas. Em um lado eu colei uma imagem de um músculo (escaneada de um livro) e, no outro lado, o seu nome (em latim) e sua função no corpo. Como as fichas eram pequenas, eu poderia levá-las comigo, portanto, era muito fácil de me testar regularmente."

Essa abordagem não é apropriada para todas as matérias, mas serve para muitas: o Código de Trânsito, por exemplo. E, claro, é possível, combinar essas duas primeiras estratégias, por exemplo, uma pergunta num lado da ficha e a resposta em forma de mapa mental no outro lado.

FALE PARA OUTRAS PESSOAS (OU MESMO APENAS PARA SI MESMO!)

Explique o que está revisando para outras pessoas. Você pode dizer algo como: "Será que posso lhe falar sobre X?". Isso irá ajudá-lo a fixar o conceito. Ou leia um capítulo ou suas anotações escritas e depois conte a si mesmo sobre o que acabou de ler, como se estivesse ensinando a um iniciante. Se a ideia lhe agradar, transforme isso em uma música! Ou cante o conceito com a melodia de uma música que você conhece e de que gosta.

Jack recomenda:

"Eu usei estas últimas duas estratégias quando precisei estudar para um exame de alemão no colégio. Preparei um monte de fichas com palavras e expressões em alemão de um lado e a tradução para o inglês do outro. Sobrou para a minha mãe, que tinha de falar as palavras e expressões em inglês. Eu falava para ela as traduções em alemão, e depois ela virava as fichas e me mostrava para eu verificar. Coitada da minha mãe, que não entendia nada de alemão, mas ela me ajudou demais!"

FAÇA GRAVAÇÕES

Esta é uma ideia muito boa se você acha que é um pouco desanimador olhar para montes de material escrito, e prefere *ouvir* informações, em vez de ler sobre algo. Ouvir o seu material gravado é também uma boa maneira de aproveitar o tempo gasto viajando de carro ou usando transportes públicos.

Há muito material de áudio e audiovisual disponível na internet, mas, se o que você quer não estiver disponível, então faça você mesmo. Se você tiver anotações escritas, pode resumi-las e gravá-las no seu celular ou computador. (Ou, se você gostar das coisas à moda antiga, como a Jane, você pode gravá-las em uma antiga fita-cassete virgem, se ainda encontrar uma por aí.)

> **15**
> Escolha uma das sugestões acima e **transforme algumas das informações que você precisa aprender**.
> Experimente as diferentes sugestões, uma de cada vez, ao longo do tempo. Observe quais funcionam melhor para você e use-as regularmente.

As sugestões acima são baseadas na ideia de que as pessoas têm diferentes preferências sensoriais para assimilar informações. Depois de entender quais são suas próprias preferências, você pode ter certeza de que está transformando de forma consciente as informações, e que isso vai de fato ajudá-lo a assimilá-las. (Para mais detalhes sobre isso, veja o CAPÍTULO 3).

3. USE ESTRATÉGIAS PARA AJUDÁ-LO A SE LEMBRAR

> *"Eu sempre tenho dificuldade para lembrar três coisas: rostos, nomes e – não me lembro do que é a terceira coisa."*
> FRED ALLEN (COMEDIANTE NORTE-AMERICANO)

USE PROCESSOS MNEMÔNICOS PARA SE LEMBRAR DE LISTAS

Esta não é uma ideia nova. Mnemônicos têm sido usados como auxiliares de memória por muito, muito tempo... e com razão: eles realmente nos ajudam a lembrar de listas ou conceitos-chave.
Por exemplo, aqui está um mnemônico muito conhecido pelos alunos que estão estudando Física para o vestibular, que exprime a fórmula do calor sensível da termologia: Q = M.C.T

QUE MaCeTe

Isso não é um mnemônico muito elaborado, especial ou excitante, mas o interessante é que as pessoas ainda se lembram dele muitos anos depois, mesmo quando nem têm mais uso para a informação. Então, obviamente, o mnemônico serviu ao seu propósito!
Um mnemônico que pode ser usado na preparação para concursos públicos seria a **memorização dos princípios constitu-**

cionais da Administração Pública, assim previstos no art. 37 da Constituição, por meio do famoso e batido LIMPE.

L egalidade
I mpessoalidade
M oralidade
P ublicidade
E ficiência

> **16**
> **Invente seus próprios mnemônicos para se lembrar de listas com mais facilidade.** Quanto mais bobos e ultrajantes, mais memoráveis eles tendem a ser.

CRIE UMA LIGAÇÃO ENTRE INFORMAÇÕES PESSOAIS OU DE CONHECIMENTO GERAL E NÚMEROS E DATAS.

Jane consegue se lembrar do número do seu passaporte tirando o 0 no início e organizando os oito números restantes em quatro pares: o número do CEP de um amigo, o número da casa do vizinho, o ano depois que ela nasceu, o número da sua casa. Ela comenta: "Eu não estou sempre com o meu passaporte em mãos quando preciso dele (fazendo o *check-in online* para um voo, por exemplo). Portanto saber o número de cabeça, às vezes é muito útil. Fiz algo semelhante com as senhas dos meus cartões de crédito, tomando o cuidado de acrescentar uma *letra* extra que indica qual é o cartão!".
Se você precisar se lembrar de números ou datas para um exame, aqui está uma técnica que se pode usar para fazer conexões:

Por exemplo, a coluna vertebral consiste de 24 vértebras separadas (horas em um dia) e 5 vértebras fundidas (dias úteis): 7 vértebras cervicais (dias na semana), 12 vértebras torácicas (meses no ano), 5 vértebras lombares e sacral (dias úteis de novo).

> **17**
> **Experimente essa técnica com alguns números importantes que você precisa lembrar.** Faça uma ligação entre os números e uma outra coisa que é significativa para você.

USE A IMAGEM VISUAL

Outra forma de se lembrar de números e datas vem de Dominic O'Brien, que venceu muitas vezes os Campeonatos Mundiais de Memória. Ele sugere a atribuição de uma letra do alfabeto a cada número, então 1 = A, 2 = B e assim por diante, e propõe criar uma imagem estranha para ajudá-lo a se lembrar. Assim, para datas, se você quisesse se lembrar que a Revolução Francesa foi em 1789 (= AGHI), você poderia criar uma imagem em sua mente de Amy (Winehouse) e (Lady) Gaga em pé perto de uma guilhotina e dizendo '**HI!**'. (Esse exemplo é da Jane, e não do O'Brien.)

Tudo isso pode soar realmente estranho, mas parece que funciona de verdade. Talvez, em parte, a explicação é que – especialmente no início –, muitas vezes, você tem de brincar bastante para criar a sua imagem visual para começar!

> **18**
> Você tem de se lembrar de alguns anos importantes? **Experimente a estratégia do Dominic O'Brien.**

AFIXE IMAGENS, PÔSTERES, *POST-ITS* E LEMBRETES

Cubra as paredes de seu escritório ou quarto com informações úteis: mapas, gráficos, listas, fotos, palavras estrangeiras, qualquer coisa que seja útil para a sua preparação para o exame. Você pode consultá-los deliberadamente de vez em quando, e você também irá regularmente percebê-los, inconscientemente, em sua visão periférica. Este segundo ponto é importante. Grande parte da nossa aprendizagem é inconsciente: sabemos coisas, porém não temos ideia de como ficamos sabendo. Colocando-as ao seu redor, você está facilitando este processo e permitindo que a sua memória adquira informações sem esforço, e que se lembrará disso a longo prazo.

> **19**
> Comece a colocar lembretes nas paredes *hoje*.

USE MÚSICA

Há muitas teorias sobre o poder da música como um catalisador na aprendizagem e no processo criativo. Séculos atrás, Platão acreditava que a música influenciava profundamente o nosso ser e a nossa capacidade de aprender. Albert Einstein tocava violino para ajudar a si mesmo a resolver problemas complexos de Física. Georgi Lozanov – criador da *Suggestopedia* – sugeriu que a música barroca em particular (Bach, Handel, Vivaldi e outros compositores dos século XVII e do início do século XVIII) acelera muito a nossa capacidade de assimilar e lembrar de informações, através da indução de um estado de "alerta relaxado".

> **20**
>
> Então, se você ainda não está fazendo isso, **experimente pôr para tocar, de fundo, alguma interpretação de Bach** na próxima vez que você for estudar, e veja se isso parece ajudá-lo a assimilar os conteúdos e a se lembrar das informações. Se você não gosta muito desse tipo de música, coloque outra de um estilo de que você goste. Todo mundo é diferente. Experimente para descobrir o que parece funcionar melhor para *você* para induzir um estado de "alerta relaxado".

MEXA-SE

Para algumas pessoas, o movimento ajuda muito a lembrar. Jane e Jack são pessoas assim. Sempre que Jane quer aprender um poema para usar em uma sessão de treinamento, ela anda para cima e para baixo na sala, repetindo-o na sua cabeça. Jack faz ensaios de suas palestras da mesma forma. Eles fizeram isso durante anos, mas só começaram a entender a lógica por trás disso quando eles se depararam com a ideia de que pessoas diferentes podem ter preferências sensoriais diferentes para assimilar informações. Se você é do tipo que gosta muito de se mexer e usa seu corpo para apreciar o mundo lá fora (se você é alguém que tende a se mexer quando ouve qualquer tipo de música, por exemplo), então se mexer enquanto aprende pode funcionar bem para você. Pode ser que você já esteja fazendo isso. Se não, comece a dançar para não "dançar" na prova.

Você também pode combinar essa estratégia com a última, e botar uma música também.

> **21**
> **Tente caminhar na sala enquanto você estuda**, ou – se você se sentir um banana fazendo isso* – simplesmente levante-se de tempos em tempos e continue a trabalhar.
>
> * Mas você sabe o quê? Sentir-se um banana às vezes pode fazer muito bem para nós. Temos a tendência de nos levarmos demasiado a sério, não é?

MUDANÇA DE CONSCIENTE PARA INCONSCIENTE

Há um limite do que sua mente consciente pode assimilar de uma só vez. Certifique-se de fazer muitas pausas para permitir que sua mente inconsciente possa processar do seu jeito o que você está aprendendo. Parece lógico fazer pausas, mas às vezes ficamos tão envolvidos no que estamos fazendo que nos esquecemos disso. É uma boa ideia parar – usando um despertador se você precisar – e fazer algo diferente a cada 20 minutos, mais ou menos. Na verdade, pare agora e faça *qualquer coisa* diferente! Apenas por uns minutinhos. Se você está sentado, levante-se e faça alongamentos. Ou vá pegar uma xícara de café. Ou regue as plantas. Ou leve o lixo para fora. Ou… qualquer coisa. Muitas pessoas pensam que isso é perda de tempo. Não é. Pode se tornar uma forma de adiar seu trabalho se você deixar, mas, basicamente, são momentos para "desligar" que permitem que sua mente inconsciente assimile o material, e dão à sua mente consciente uma oportunidade para recarregar as baterias.

> **22**
> Pare de ler este livro imediatamente. **Vá fazer outra coisa por uns minutinhos.** *Agora!*

4. FAÇA REVISÕES REGULARMENTE

> *"Uma ovelha no curral vale um rebanho inteiro no portão."*
> Anônimo

Mesmo nosso cérebro sendo incrivelmente poderoso, podemos facilmente esquecer 70% do que aprendemos *em apenas 24 horas* – a menos que façamos um esforço consciente para se lembrar. Quando aprendemos algo novo, isso vai para a nossa memória de curto prazo. Para movê-lo para a nossa memória de longo prazo, temos de reciclar as informações antes que elas escapem.

No seu livro *Accelerated Learning for the 21st Century* (Aprendizagem Acelerada para o Século 21), Colin Rose e Malcolm J. Nicholl dizem que este processo é como um cão pastor que cerca um rebanho de ovelhas no campo. O cão começa a juntar as ovelhas em um grupo e as leva até a entrada do curral. Se ele apenas deixar as ovelhas na entrada, elas provavelmente irão fugir, e o cão terá de iniciar todo o processo novamente. Para ter certeza de que elas não saiam, o cão deve guiar as ovelhas até dentro do curral e mantê-las lá até que o portão esteja fechado.

Então, o que você pode fazer para colocar as suas ovelhas no curral? Como você pode mover informações da sua memória de curto prazo para a de longo prazo?

A resposta é reciclar as informações com frequência – *começando imediatamente*. O prazo de 24 horas significa que você deve revisar as coisas novas que aprendeu no mesmo dia, o que provavelmente significa *na mesma noite*. Dessa forma, você coloca as suas ovelhas com segurança no curral. (A propósito, depois disso é realmente benéfico ter uma boa noite de sono. Experimentos têm mostrado que o sono estimula a memória e nos ajuda a processar as informações recém-aprendidas.) Mas isso é apenas o começo. Para manter suas ovelhas no curral, depois disso você precisa rever o material regularmente, gradualmente alongando o espaço de tempo entre as sessões de revisão. É uma boa ideia, por exemplo, ver no dia seguinte, em seguida, novamente após uma semana, um mês, três meses, seis meses e assim por diante.

> **23**
>
> **Faça uma nova revisão de algumas informações recentemente aprendidas.** Selecione algo novo que aprendeu a um ou dois dias. *Faça isso agora.*

Mas não há perigo de toda essa revisão ficar muito chata e sem graça e – portanto – contraproducente? Com certeza, se toda vez você fizer a mesmíssima coisa. O truque é transformar o estudo em um jogo, fazendo autoavaliações de maneiras diferentes, usando várias estratégias de "transformação" já mencionadas, ou qualquer outra estratégia que você mesmo tenha desenvolvido.

Por exemplo, uma maneira muito fácil de se autoavaliar é selecionar um título ou área de assunto de um programa do curso ou livro e simplesmente escrever ou falar em voz alta tudo o que você sabe sobre isso. Depois, leia essa seção para verificar como se saiu.

Ou você pode criar uma competição: dê uma pontuação para você mesmo a cada vez, e veja se pode melhorá-la na próxima. Quando estiver pronto, comece a fazer os exames anteriores ou simulados de exames ou ensaios etc., primeiro sem cronometrar, em seguida, cronometrando. (Mas não tente fazer isso muito cedo no processo de preparação para o exame ou você pode acabar ficando desmotivado.)

NOTA IMPORTANTE

É possível que as informações ainda nem tenham chegado à sua memória de curto prazo – ou até mesmo que nunca tenham ido para lá. Talvez você não esteja prestando atenção ou estava pensando em outras coisas naquele momento específico. Nesse caso, precisará voltar e acessar às informações de novo, antes que possa iniciar o processo de reciclagem. Afinal, você não pode reciclar o que não está lá! A fim de assimilar informações pela primeira vez, é preciso prestar atenção, e nós nem sempre fazemos isso. Não estamos escutando (ou lendo) de verdade, porque estamos pensando em outras coisas. Quando as pessoas dizem que não se lembram de nomes, por exemplo, isso provavelmente não esteja correto. O mais provável é que elas não "pegaram" o nome corretamente da primeira vez porque na verdade não estavam prestando atenção.

5. VOCÊ! SIM, VOCÊ!

> *"Se você não é bom para si mesmo, como pode ser bom para qualquer outra coisa?"*
> Anônimo (adaptado de um provérbio espanhol)

Esta seção é sobre *você*. Em dois sentidos. Em primeiro lugar é sobre você *como pessoa* e sobre cuidar de si mesmo. E, em segundo lugar, é sobre você *como estudante* e sobre ter conhecimento de como você aprende melhor.

VOCÊ COMO PESSOA

Enfrentar um exame pode ser muito estressante. Por isso, é importante estar em plena forma para lidar bem com isso e estar no seu melhor, física e mentalmente. Isso é bom senso, é claro, mas, no calor do momento, é fácil de se esquecer. Também é uma boa ideia cuidar de si mesmo social e espiritualmente.

Estar no seu melhor *fisicamente* significa que você precisa cuidar de seu corpo. Certifique-se de fazer exercício físico frequentemente e de descansar bastante. Se há uma atividade de que você gosta de fazer, como caminhada ou dança do ventre, mantenha-a enquanto estiver estudando, não a suspenda.

Não deixe de comer razoavelmente bem também, e não exagere em gorduras, açúcares, farinhas e estimulantes. Muitas vezes, quando estamos estressados, comemos um monte de porcaria. Pode parecer que comer porcaria economiza tempo, reconforta temporariamente e nos dá um ânimo momentâneo, mas na verdade, a longo prazo, isso suga a nossa energia e nos faz funcionar mais devagar, tanto mentalmente quanto fisicamente.

24

Pense um pouco sobre como você está alimentando sua mente e seu corpo.

Quais comidas e bebidas seria sensato reduzir o consumo? Risque os itens nesta lista que normalmente contém alto teor de gordura, açúcar, farinha, efeito estimulante ou uma mistura de todas essas coisas!

biscoitos   bolos   café   refrigerante de cola   batatas fritas
chocolate   batata chips   peixe   frutas frescas   hambúrgueres
sorvete   nozes   massas   leguminosas   carne   arroz
água   pão   ovos   doces

> Consuma alimentos de alta qualidade enquanto se prepara para o exame.
>
> Sugestão de resposta:
> ~~biscoitos~~ ~~bolos~~ ~~café~~ ~~refrigerante de cola~~ ~~batatas fritas~~ ~~chocolate~~ ~~batata chips~~ peixe frutas frescas ~~hambúrgueres~~ ~~sorvete~~ nozes ~~massas~~ leguminosas carne arroz água ~~pão~~ ovos ~~doces~~

LEMBRE-SE

Não se trata de cortar esses itens de sua alimentação, e sim de consumi-los com moderação, e certificar-se de ingerir bastante alimentos que dão energia *a longo prazo*.

Para estar no seu melhor *mentalmente*, você deve fazer uma pausa para relaxar, ficar de papo para o ar e se dedicar a outras coisas. Sua mente precisa descansar para funcionar da melhor forma.

Alimente seu cérebro com combustível de alta qualidade, especialmente com vitaminas e minerais. Minerais que auxiliam a memória incluem:

Lecitina: encontrada na gema do ovo e germe de trigo;
Ácido fólico: encontrado nas verduras, fígado e feijão;
Selênio: encontrado no atum, frutos do mar, carne e nozes (a melhor fonte é castanha do pará);
Boro: encontrado não só nas nozes, mas também no brócolis, maçãs, pêras e pêssegos.

Para que você fique bem *socialmente*, é importante manter-se ligado a outras pessoas durante esse período. Não deixe de continuar a passar um tempo com amigos e família e não fique isolado, só pensando no exame.

Estar bem *espiritualmente* depende do que isso significa para você! Pode ser algo religioso, seu jeito de ser ou qualquer ritual que traga-lhe consolo, lhe dê a paz interior ou leve-o a um plano superior.

5. VOCÊ! SIM, VOCÊ!

VOCÊ COMO ESTUDANTE

É muito útil passar um tempo explorando de maneira consciente como você se comporta como um estudante. Que tipo de coisas parecem funcionar melhor para ajudá-lo a aprender? O que não funciona?

Às vezes é mais fácil iniciar esse processo a partir do negativo, e usar isso como um ponto de partida: que tipo de coisas atrapalham e o impedem de aprender?

25

Complete a frase com 5 respostas diferentes: *"Eu não aprendo bem quando..."*

Então, se suas respostas são verdadeiras, *quando é que você aprende bem?*

Complete a frase com tantas respostas diferentes quantas puder:
*"Eu aprendo **da melhor maneira** quando...."*

Isso não é tão óbvio como parece. Uma frase começando com "eu aprendo melhor..." não é necessariamente o oposto de uma frase que começa com "eu não aprendo bem...".

Exemplo:

"Eu não aprendo bem quando há silêncio total." → "Eu aprendo da melhor maneira quando há um pouco de ruído de fundo... mas não quando há muito barulho em torno de mim."

Depois de ter mais conhecimentos sobre as suas preferências de aprendizagem, você pode assegurar que seu ambiente de estudo e suas estratégias dão apoio a isso na medida do possível.

Na próxima seção, você encontrará mais informações sobre os estilos de aprendizagem, principalmente o modelo de preferências sensoriais e a teoria das Inteligências Múltiplas. Estes modelos podem não lhe contar a história toda, mas podem ajudá-lo a conhecer as suas tendências e preferências. Mas lembre-se, são apenas modelos. É importante usar qualquer um deles de forma flexível, como um guia para seu desenvolvimento, em vez de uma verdade absoluta que restringe a sua liberdade.

E finalmente...

Se você tivesse uma metáfora para si mesmo como estudante, o que ou quem seria? Pode ser um animal, uma pessoa famosa ou uma pessoa que não é famosa que você conhece e respeita.

26

Crie uma metáfora.

Pense um pouco. Quem ou o que vem à sua mente? Se você pensar sobre esta pessoa ou animal, o que pode aprender com eles sobre como lidam com todo o processo de exames? Como é que *eles* lidariam com isso? Como é que *eles* lidariam com os problemas? (É bom adivinhar, intuir ou inventar respostas – todas as ideias extras são sempre bem-vindas.)

Se no futuro você se sentir indeciso, sem saber o que fazer, pense para si mesmo: "Como é que X lidaria com isso?" "Como é que eles começariam a procurar uma solução?"

CAPÍTULO 3

APRENDENDO SOBRE SEUS ESTILOS DE APRENDIZAGEM

1. O MODELO DE PREFERÊNCIAS SENSORIAIS
2. DE PREFERÊNCIAS A ESTRATÉGIAS PRÁTICAS
3. DESENVOLVENDO SEUS SENTIDOS MENOS DOMINANTES
4. INTELIGÊNCIAS MÚLTIPLAS
5. IMPLICAÇÕES DE IMS PARA VOCÊ COMO ESTUDANTE

O CAPÍTULO 3 o ajudará a conhecer qual é a sua melhor forma de aprender.

Saber sobre estilos de aprendizagem pode ajudá-lo tremendamente se você estiver se preparando para qualquer tipo de exame. Uma vez que você está ciente de suas preferências como estudante, pode escolher estratégias para maximizar seu aprendizado e aumentar a quantidade de conhecimento que pode assimilar.

Existem por aí muitos modelos diferentes sobre "estilos de aprendizagem". Todos eles são muito interessantes, mas agora que você está focado em passar no exame, não é provavelmente o melhor momento para se distrair com um monte de informações extras.

O que fizemos aqui foi descrever, em detalhes, dois modelos amplamente reconhecidos para que você possa aproveitar das suas implicações imediatamente.

CAPÍTULO 3 APRENDENDO SOBRE SEUS ESTILOS DE APRENDIZAGEM

1. O MODELO DE PREFERÊNCIAS SENSORIAIS

> *"Diga-me e eu esqueço.*
> *Mostre-me e eu me lembro.*
> *Envolva-me e eu entendo."*
> Provérbio chinês

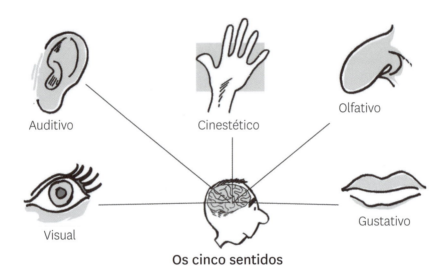

Os cinco sentidos

Este modelo sugere que, apesar de captarmos informações usando *todos* os nossos sentidos em circunstâncias normais, muitas pessoas têm um ou dois canais favoritos.

Pessoas que são altamente visuais preferem obter informações através de seus olhos. Elas gostam de *ver* as coisas. Que tipo de coisas? Imagens, diagramas, mapas, textos, livros, qualquer coisa visual.

Pessoas que são altamente auditivas gostam de captar informações através de seus ouvidos. Elas preferem *ouvir* coisas. Canções, cantos, música, pessoas conversando e a sua própria voz, bem como a de outras pessoas. Tudo o que envolve *ouvir*.

Pessoas que são altamente cinestésicas gostam da experiência de receber informações através de suas mãos e de seus corpos. Elas gostam de *sentir* ou ter sensações. Tocar nas coisas facilita a compreensão. Movimentar-se também ajuda a assimilar informações.

Há também, é claro, os sentidos *olfato* e *paladar*. Embora não seja desconhecido, é muito raro alguém ter uma preferência olfativa ou gustativa, então esses dois sentidos não serão descritos aqui.

Talvez apenas lendo essas descrições curtas acima seja suficiente para que você reconheça suas preferências sensoriais. Se de repente você teve uma percepção, tipo: *"Meu Deus, talvez eu seja altamente auditivo!"* –ótimo! Se não, esperamos que a próxima tarefa lhe dê mais alguns conhecimentos (*insights*). Por que é útil saber? Para que você possa enfatizar seus pontos fortes e desenvolver seu sentidos menos dominantes.

> **27**
>
> Olhe as **Perguntas para ajudá-lo a descobrir suas preferências sensoriais** na página 125. Leia-as e assinale todas aquelas em que a sua resposta for SIM. Conte suas respostas para cada seção.

No questionário da página 125, a seção A se refere ao sentido auditivo, a seção B ao sentido cinestésico e a C, ao sentido visual. Se você teve muito mais respostas assinaladas em uma seção do que nas outras, então isso é provavelmente uma indicação de uma preferência nesse sentido específico. Você talvez tenha mais respostas assinaladas em duas seções e menos em outra, o que sugere que você tem dois sentidos dominantes.

Se você teve respostas assinaladas nas três seções de forma equilibrada, então isso pode significar que esteja equilibrado entre os três sentidos e que não tenha uma preferência muito forte por nenhum deles. Isso também pode indicar que seria útil fazer mais algumas pesquisas: analisando o assunto com mais profundidade, você pode decobrir distinções e preferências que ainda não conhece. Há muitos livros e sites úteis por aí que podem ajudá-lo a achar as peças que faltam nesse quebra-cabeça. Se você digitar nos *sites* de busca *preferências sensoriais e estilos de aprendizagem* ou *sensory preferences learning styles* (com traduções para o português), você irá acessar várias listas e questionários, os quais depois pode usar para explorar mais.

COMO SABER SUAS PREFERÊNCIAS PODE SER ÚTIL?

Depois de saber as suas preferências, você pode se assegurar que utiliza *conscientemente* esses sentidos para captar e reciclar informações. É claro que, até um certo ponto, você já está fazendo isso inconscientemente. A diferença quando você sabe qual é a sua preferência é que isso lhe dá mais controle, e significa que você pode decidir utilizá-la de forma mais ampla.

Este conhecimento também pode explicar por que você está usando certas estratégias inconscientemente faz tempo, sem perceber muito bem o porquê.

Jane conta:

"Durante muitos anos, na escola, na universidade e nos cursos subsequentes, eu fazia muitas anotações. Páginas e páginas. Sempre que eu tinha tempo para olhar ao meu redor, eu percebia que apenas algumas pessoas estavam escrevendo grandes quantidades da mesma maneira que eu. Muitos anotavam uma ou outra palavra aqui e ali. Muitos não estavam escrevendo absolutamente nada. Então, por que me sentia na obrigação de rabiscar tudo? Tinha algo de errado comigo? Eu ficava preocupada com isso. E o que tornou isso ainda mais preocupante foi o fato de que, de qualquer maneira, eu quase nunca olhava depois para as minhas anotações (bastante ilegíveis).

Quando eu aprendi sobre as preferências sensoriais, tudo ficou claro. Esta foi uma estratégia altamente cinestésica*. O importante não era a anotação em si, mas o *movimento* da minha mão na página. Quanto mais eu mexia a minha mão, mais eu assimilava as informações. Ler as anotações era irrelevante. Depois que eu percebi o propósito do meu estilo de fazer anotações, eu fiquei feliz em continuar fazendo e em ter sobre isso uma atitude positiva em vez de preocupada."

---

* Ao contrário de uma estratégia *visual* de fazer anotações, em que o objetivo é ler as anotações depois e captar as informações através dos olhos. Por este motivo, um anotador "visual", muitas vezes, escreve anotações claras e concisas – ou faz mapas mentais.

Jack lembra que:

"No meu curso de *Practitioner* em Programação Neurolinguística, eu sentei na frente com um caderno e uma caneta na mão, escrevendo tudo que o professor falava, como eu costumava fazer sempre que participava de cursos. De repente o professor parou, aproximou-se de mim e disse: 'Estou vendo que você está escrevendo tudo'. Eu fiquei morrendo de vergonha! Aí ele perguntou: 'Você costuma ler as suas anotações depois?. E eu respondi: 'Nunca!'. Ele pegou a minha caneta, tirou o reservatório de tinta, devolveu a caneta e falou: 'Pode continuar a escrever tudo. Desse jeito, você vai economizar uma fortuna em canetas e papel, e não vai ter que guardar tantos cadernos'. Mais tarde no curso eu aprendi sobre as preferências sensoriais e entendi perfeitamente. Igual à Jane, eu estava usando, sem saber, uma estratégia altamente cinestésica."

2. DE PREFERÊNCIAS A ESTRATÉGIAS PRÁTICAS

Então, quais são algumas das principais estratégias práticas relacionadas às diferentes preferências sensoriais?

28

Leia de novo as sugestões em **Transforme a informação e Use estratégias para ajudá-lo a se lembrar** nas páginas 36/40. Agora você será capaz de reconhecer o valor dessas ideias de uma maneira nova. O que você acha que isso tem a ver com as três preferências sensoriais?

Abaixo estão algumas estratégias possíveis para cada um dos três sentidos principais. As categorias não são rígidas, porque a maioria das atividades inevitavelmente envolve mais de um sentido (fichas de arquivo, por exemplo, são visuais, bem como tácteis – e, se você ler em voz alta, elas serão auditivas também), mas o foco pode ser mais uma coisa que a outra. A lista não é de forma alguma abrangente – você pode muito bem descobrir ótimas estratégias que nós nem tínhamos pensado, ou mesmo perceber que, dentre as estratégias, há algumas que já está utilizando.

Visual
- Criar mapas mentais
- Fazer diagramas, gráficos, mapas, cartazes etc.
- Fazer desenhos, desenhar imagens, símbolos...
- Buscar fotos e material visual *on-line*
- Usar um monte de cores para codificação e marcadores de texto
- Escrever um diário de aprendizagem ou caderno
- Assistir à programas – *on-line*, DVD ou TV
- Anotar os pontos-chave para reler várias vezes
- Deixar o local de estudo bem arrumado e visualmente agradável – nada de bagunça!
- Estudar em um ambiente limpo, bem arejado e com boa iluminação
- Colocar flores agradáveis no ambiente

Auditivo
- Contar às outras pessoas sobre o que você está aprendendo (mas de preferência não em detalhes *demais*!)
- Conversar consigo mesmo sobre o que você está aprendendo (em todos os detalhes que você quiser)
- Repetir na cabeça o que você está aprendendo
- Ler em voz alta – principalmente as informações importantes
- Fazer gravações de informações e tocá-las enquanto você está fazendo outras coisas
- Compor uma nova canção ou um *rap* – criar uma melodia ou ritmo com as letras dos fatos e depois cantá-la!
- Encontrar um lugar silencioso para estudar – longe de qualquer ruído perturbador
- Ouvir música enquanto você estuda (de preferência sem qualquer letra – apenas música)

Cinestésico

- Levantar-se e mexer-se regularmente enquanto estiver estudando
- Fazer fichas de arquivo e fazer autoavaliações (tátil/visual)
- Andar para cima e para baixo quando você está decorando algo
- Fazer dramatizações ou encenações do que você está aprendendo
- Fazer exercícios de Ginástica para o Cérebro (veja página 89)
- Usar fantoches para executar pequenas peças
- Criar ou esculpir modelos (usando Lego ou argila...)
- Estudar em um ambiente calmo com temperatura agradável
- Sentar-se em uma cadeira cômoda
- Usar roupa confortável
- Mexer com um terço, pulseira de contas ou bola de massagem para a mão enquanto está estudando
- ...ou tricotar!

Olfativo/gustativo

- Usar perfumes ou cheiros
- Colocar flores e velas perfumadas no ambiente de estudo
- Cheirar o livro antes de lê-lo
- Tomar chás e sucos deliciosos enquanto está estudando
- Mastigar chiclete ou chupar balas gostosas

3. DESENVOLVENDO SEUS SENTIDOS MENOS DOMINANTES

> *"Quando você começa a usar os sentidos que negligenciava, sua recompensa é ver o mundo com outros olhos."*
> Barbara Sher (escritor norte-americana, palestrante e coach de desenvolvimento pessoal)

No início desta seção, mencionamos que, ao identificar os seus sentidos dominantes, ao mesmo tempo você começa a identificar seus sentidos *menos* dominantes.

Sabemos que aprender coisas de uma forma multissensorial (usando vários sentidos juntos – e incluindo nossos sentidos olfativos e gustativos se for o caso) é especialmente poderoso. Por isso faz sentido (!) desenvolver a nossa capacidade multissensorial e garantir que todos os nossos sentidos estejam funcionando de forma otimizada. Ter essa capacidade também nos dá maior flexibilidade: nem sempre podemos escolher totalmente como recebemos as informações, por isso é muito útil poder mudar de canal de maneira fácil e eficaz.

Então, como você pode trabalhar seus sentidos menos favorecidos? É uma boa ideia se envolver em atividades que dão enfâse a esse sentido e permitem-no usá-lo. Algumas sugestões estão listadas abaixo. Elas não são de forma alguma completas, mas vão lhe dar uma noção. Tampouco são categorias rígidas: elas podem envolver predominantemente um sentido, mas quase sempre incluem outros também, embora com enfâse menor.

Visual
- Começar a estudar fotografia, desenho, pintura...
- Aprender a desenhar. Sugerimos o maravilhoso livro de Betty Edwards (veja na Bibliografia)
- Frequentar aulas sobre história da arte ou assuntos relacionados
- Experimentar a observação de pássaros ou contemplar as estrelas
- Fazer joguinhos com imagens como "Jogo dos 7 erros" ou "O que está faltando?"
- Fazer quebra-cabeças (também cinestésico)
- Fazer cromoterapia
- Fazer uma reforma na casa – trocando móveis e pintando com cores diferentes
- Assistir TV sem o som e tentar imaginar o que está sendo falado.

Auditivo
- Aprender uma língua estrangeira
- Aprender a tocar um instrumento musical (também cinestésico)
- Fazer aulas de canto

- Fazer aulas de teoria da música ou outro assunto relacionado
- Ouvir rádio com mais frequência (especialmente se você é alguém que assiste TV regularmente)
- Praticar repetindo em voz alta as coisas que você ouve ou contar de novo piadas e anedotas
- Ouvir um programa de TV ou filme sem olhar a imagem e tentar imaginar o que está se passando
- Ouvir áudiolivros (*audiobooks*)
- Ir até o meio do mato e "ouvir" a natureza

Cinestésico
- Fazer ioga, Pilates, Tai Chi (ou qualquer outro tipo de disciplina corpo/mente)
- Fazer aulas de dança ou experimentar a dança do ventre! (também auditivo)
- Fazer natação – ou qualquer outro esporte
- Ter uma sessão de reflexologia... ou apenas andar descalço de vez em quando
- Usar suas mãos – fazer cerâmica ou escultura, fazer modelos com Lego, fazer crochê, bordado ou tricô
- Abraçar pessoas ou árvores!
- Passar roupa
- Enfim, fazer "qualquer coisa" física.

Lembre-se de que o modelo de preferências sensoriais é muito interessante intelectualmente, mas para que ele seja mais do que apenas um modelo intelectual, você tem de *fazer* algo com ele. Você precisa *agir*, praticar as ideias e usá-las para melhorar o modo como você aprende. Se fizer isso, pode fazer uma grande diferença não só para suas chances de sucesso em um exame, mas para toda a sua vida.

Como disse William Osler – um médico canadense que tem sido chamado de o pai da Medicina moderna:

"Use seus cinco sentidos. Aprenda a ver, aprenda a ouvir, aprenda a sentir, aprenda a cheirar e saiba que, apenas pela prática, você pode tornar-se especialista."

4. INTELIGÊNCIAS MÚLTIPLAS

"Não importa o nível da sua inteligência, mas sim de que forma você é inteligente."
HOWARD GARDNER

Este modelo foi proposto pela primeira vez em 1983 por um psicólogo e professor de Neurociência da Universidade de Harvard, Howard Gardner, e expandiu amplamente a nossa interpretação da palavra "inteligência". Ele afirma que não somos apenas inteligentes conforme o modelo tradicional e muito limitado de "QI", que avalia exclusivamente nossa capacidade linguística ou matemática. Podemos ser inteligentes de muitas outras maneiras diferentes também. Originalmente, Gardner falou sobre sete inteligências, mas depois acrescentou uma oitava: naturalista. Mais recentemente, outras pessoas sugeriram uma nona inteligência – a inteligência existencial. Todos as nove estão incluídas aqui.

Gardner sugere que cada um de nós tende a ser mais inteligente em alguns aspectos que em outros. Tal como acontece com as preferências sensoriais, muitas vezes temos uma ou mais inteligências dominantes. E, de fato, as inteligências visual/espacial e corporal/cinestésica têm mesmo muito em comum com as preferências sensoriais visuais e cinestésicas mencionadas anteriormente, enquanto as inteligências linguísticas e musicais/rítmicas são relacionadas, de certa forma, com o sentido auditivo.

Como descobrir quais inteligências funcionam melhor ou não tão bem para você? Você já deve ter uma ideia muito boa sobre seus pontos fortes e o que acha menos atraente ou mais difícil. Se não sabe, ou se gostaria de pensar um pouco mais sobre isso, faça a tarefa a seguir.

4. INTELIGÊNCIAS MÚLTIPLAS

Inteligências Múltiplas

- **Existencial**: Sensibilidade para questões mais profundas da existência humana e maior capacidade de entender o universo.
- **Verbal/Linguística**: Habilidade para o uso de linguagem: para a comunicação e compreensão das palavras.
- **Naturalista**: Sensibilidade para compreender os elementos do mundo natural e a capacidade de perceber as conexões e diferenças.
- **Lógico/Matemática**: Habilidade para o raciocínio e para solucionar problemas matemáticos.
- **Intrapessoal**: Capacidade altamente desenvolvida de se conhecer e se compreender.
- **Visual/Espacial**: Habilidade para perceber (externamente), modificar percepções e recriar (internamente) experiências visuais.
- **Interpessoal**: Habilidade para entender outras pessoas e a capacidade de interagir com elas.
- **Musical/Rítmica**: Habilidade para ouvir sons e padrões musicais e ser capaz de recriá-los.
- **Corporal/Cinestésica**: Maior capacidade de entender e controlar movimentos do corpo.

29

Dê uma olhada nas **Perguntas para fazer você pensar sobre suas principais Inteligências Múltiplas** na página 128.
Leia-as e assinale aquelas onde a sua resposta for SIM.
Conte as suas respostas para cada seção.

Se você tiver muito mais respostas positivas em uma seção (ou algumas seções) do que em outras, então é uma indicação importante de uma preferência naquelas inteligências específicas.

Tal como acontece com o modelo de preferências sensoriais, identificar a sua inteligência dominante também permite identificar quais são suas inteligências mais negligenciadas. Se quiser, você pode trabalhar nelas para ter mais equilíbrio e flexibilidade e tornar-se um estudante ainda melhor.

5. IMPLICAÇÕES DE IMS PARA VOCÊ COMO ESTUDANTE

Para maximizar nosso aprendizado, Gardner sugere identificar nossas inteligências dominantes, e depois utilizá-las propositadamente para tornar nossa aprendizagem mais fácil, agradável e eficaz. Aqui estão uma ou duas estratégias relacionadas a cada uma das nove inteligências. A lista não é, obviamente, de maneira nenhuma completa, mas é um bom começo. À medida que você se aprofundar nestas ideias, irá descobrir muitas outras estratégias úteis, de sua preferência.

Verbal/Linguística

- Escrever regularmente resumos breves sobre o que você aprendeu – com suas próprias palavras.
- Recontar o que você aprendeu para outra pessoa, verbalmente ou em um texto, *e-mail* ou carta.
- Criar poemas curtos, mnemônicos, frases tolas etc. para ajudá-lo a se lembrar das informações.

Lógico/Matemática

- Fazer uma lista dos principais pontos que você está aprendendo em sequências lógicas numeradas.

- Analisar as informações com muitas perguntas do tipo: O quê? Quem? Como? Quando? Por quê?
- Comparar e contrastar a informação com outros segmentos de informação.

Visual/Espacial

- Fazer mapas mentais do que você aprendeu.
- Criar desenhos, esboços, mapas, cartazes, gráficos, diagramas, modelos.
- Imaginar uma sala qualquer com o maior número de detalhes possível e colocar cada coisa que você aprendeu em um lugar específico, criando imagens fortes. Se quiser, você pode distorcer os tamanhos das coisas na imagem e acrescentar também sons, cheiros, sabores etc.

Musical/Rítmica

- Tocar música de fundo ou sons ambientais enquanto você estuda.
- Cantar suas músicas favoritas substituindo as letras originais pelas letras das informações que você aprendeu.
- Criar uma música ou um ritmo para combinar com as informações – criar músicas, cantos, *raps*, rimas etc.

Corporal/Cinestésica

- Fazer dramatizações sobre o que está aprendendo ou fazer uma dança para transmitir o seu significado.
- Brincar com algo em suas mãos enquanto memoriza informações – um terço, pulseira de contas.
- Usar suas mãos e dedos (das mãos e dos pés!) para ajudá-lo a lembrar de informações.

Intrapessoal

- Trabalhar sozinho em vez de em grupos.
- Escrever um diário ou registro do seu progresso para poder refletir sobre tudo.
- Colocar uma lista de perguntas para se fazer no final do dia, tipo: "O que eu aprendi hoje?".

Interpessoal

- Trabalhar em cooperação com outras pessoas em tarefas de estudo, em vez de fazer tudo sozinho.
- Discutir o que você está aprendendo com outras pessoas e descobrir o que elas pensam.
- Ensinar o que você aprendeu para outra pessoa.

Naturalista

- Relacionar o que você está aprendendo com questões de conservação e meio ambiente.
- Relacionar o que você está aprendendo com questões sociais e problemas mais amplos.

Existencial

- Considerar as questões éticas no que você está aprendendo.
- Relacionar o que você está aprendendo com questões mais amplas da existência humana.
- Relacionar o que você está aprendendo com a complexidade do cosmos.

As sugestões para as duas últimas inteligências têm mais a ver com como você se motiva do que com a aprendizagem de estratégias em si, mas, como vimos anteriormente, no CAPÍTULO 1, a motivação é crucial para o sucesso de aprendizagem.

CAPÍTULO 4

ESTRATÉGIAS PARA ESTIMULAR SUA CONFIANÇA PARA O EXAME: TIGRE

1. TIGRE: INTRODUÇÃO
2. T: TRANSFORMAR SEUS PENSAMENTOS
3. I: IMAGINAR SEU SUCESSO
4. G: GANHAR AUTOCONFIANÇA
5. R: RELEMBRAR SUAS REALIZAÇÕES
6. E: EXERCITAR CORPO E MENTE
7. POUCO ANTES DO EXAME

O **CAPÍTULO 4** tem por objetivo aumentar a sua confiança para que você possa dar o seu melhor no dia do exame. É também sobre como lidar com o estresse de fazer um exame e transformar todo o processo em uma experiência mais agradável.

Você é um rato?

Ou você é um… TIGRE?!

1. TIGRE: INTRODUÇÃO

Exames e provas podem ser muito estressantes e assustadores. Às vezes, o que acontece conosco pouco antes de fazer um exame é que o nosso mecanismo de resposta ao estresse é acionado e a reação é "lutar ou fugir". Quanto mais próximo o exame fica, mais forte se torna este mecanismo de resposta. Ele é uma resposta automática do nosso corpo a uma ameaça percebida de fora, neste caso, o exame. É uma resposta muito antiga, porém comum e poderosa, originalmente concebida para nos proteger e garantir a nossa sobrevivência perante o perigo físico. Uma vez acionado esse mecanismo, fica mais difícil de combatê-lo, e o acúmulo de substâncias químicas do estresse também podem nos causar danos em longo prazo. A prevenção é mais fácil do que a cura.

Em resumo, o que acontece é que o cérebro instintivamente manda o corpo produzir certos hormônios, e esses hormônios dão origem a uma série de reações diferentes no nosso corpo todo: o nosso coração bate mais rápido, respiramos mais rapidamente, o sangue é desviado do nosso tronco para as nossas mãos e pés, e assim por diante. Nós tendemos a ficar tensos, a nossa boca fica seca, sentimos um friozinho na barriga e nossa visão e audição se tornam deficientes. E não é apenas o nosso corpo que é afetado, a nossa mente é atormentada também: parece que não conseguimos pensar direito, muitas vezes porque o nosso diálogo interno (que é a nossa voz interior que nos fala o tempo todo na nossa cabeça) tornou-se muito negativo e crítico… e muito alto.

1. TIGRE: INTRODUÇÃO

Este não é um bom estado para se fazer *qualquer* tipo de exame. Neste estado não podemos conseguir o nosso melhor. Às vezes podemos ficar tão paralisados pelo medo que não conseguimos fazer nada! Ficar "surdo" ou incapaz de falar compromete seu resultado em um exame oral. Interpretar mal as perguntas em um exame escrito é muito perigoso. Dar um branco não é bom em qualquer tipo de prova ou exame. E não tem nada a ver com o seu conhecimento ou suas habilidades, e sim com o seu estado. Não tem nada a ver com o que você *sabe*. Tem tudo a ver com como você *se sente*.

De maneira ideal, o que é importante é ter estratégias para combater o mecanismo de resposta ao estresse antes que ele tenha a chance de tomar posse de você e enfraquecê-lo. Também é verdade que, quanto mais a gente fica estressado, melhor ficamos nisso. Então, pare de praticar *como entrar em pânico* e comece a praticar *como ficar um pouco mais relaxado*. Basicamente, se você consegue se sentir confortável e relaxado antes de um exame, será capaz de ouvir seus próprios pensamentos, se expressar mais claramente, mostrar-se da melhor forma possível e sair-se bem. Não dê um tiro no pé, ou em qualquer outra parte do corpo. Permita-se brilhar. Seja um **TIGRE**!

As estratégias TIGRE são aparentemente muito simples, mas não deixe que elas enganem você – elas são muito poderosas. Você precisa trabalhar e brincar com elas e usar os elementos de *todas* juntas e não apenas uma ou duas isoladamente. Você pode se surpreender com os resultados.

Várias dessas estratégias podem funcionar muito bem em uma emergência na hora que você estiver fazendo o exame, se você travar momentaneamente ou não saber o que fazer. Elas podem lhe dar exatamente o impulso de que precisa para sair de um momento complicado. Para que isso aconteça, você precisa tê-las praticado de maneira suficiente para que possa usá-las facilmente quando quiser.

Lembre-se: Pratique, pratique, pratique!

2. TIGRE: Transformar seus pensamentos

VOCÊ ESTÁ ESPERANDO UM TORMENTO OU UMA OPORTUNIDADE?

A forma como você pensa sobre o exame vai determinar como se sente sobre ele. Se você está pensando que o exame será um evento desagradável e estressante, *um calvário*, então você vai se sentir estressado e infeliz e seu mecanismo de resposta ao estresse será acionado. Se você pensar no exame como algo prazeroso e desafiador – *uma oportunidade*, então você poderá aguardá-lo ansiosamente e isso vai o ajudará a combater o seu mecanismo de resposta ao estresse.

Como você está encarando o exame?

É como uma terrível visita ao dentista?

É como entrar em uma jaula de leões?
É como estar na frente de um pelotão de fuzilamento?
É como estar no *Titanic* quando ele está afundando?

É como pular em um tanque com um tubarão?

> **30**
> Pense um pouco. Como é o exame para *você*?

Se para você o exame é como qualquer uma dessas coisas – ou outra semelhante –, isso não é uma boa notícia.

AQUILO QUE VOCÊ PENSA É AQUILO QUE VOCÊ RECEBE!

Se você acha que o exame vai ser horrível (ou até mesmo com risco de vida!), então será assim.

Além do mais, você vai ficar com medo *antes*, e também *durante* o exame.

Seu cérebro não funcionará corretamente e você não será capaz de dar o seu melhor.

(E é provável que você se sentirá terrível *após* o exame também!)

Então, por que você não **muda sua forma de pensar sobre o exame** para uma maneira diferente, mais positiva?

Use sua imaginação.

O **que mais** poderia aparecer?
Uma prova oral poderia ser como um jogo de tênis?

Uma prova escrita poderia ser como resolver um problema de matemática?
Um exame prático poderia ser como atuar em uma peça de teatro?
Ou será que qualquer exame poderia ser como sair para a balada?
(Sabemos que não é fácil imaginar, mas sua mente pode ser muito divertida se você lhe der asas.)

Como poderia ser para *você*?

Estes são apenas alguns exemplos, e pode ser que nenhum sirva para *você*.

Você precisa encontrar uma *nova* maneira, sua, de pensar sobre o exame.

Pense sobre ele de uma forma que o *ajude* e não que o *paralise*!

Lembre-se por que você está fazendo o exame. Isso também pode ajudá-lo a achar uma metáfora útil:

Poderia ser como uma etapa de uma viagem?

Ou uma base de lançamento para a Lua?

Ou alcançar o acampamento-base em uma escalada de montanha?

Ou conseguir um passaporte para viajar pelo mundo?

Ou atravessar uma porta para uma existência diferente?

Ou... o quê?

Como você se vê representado na metáfora é importante também. Você pode imaginar o exame como um campo de batalha, mas se você estiver em um tanque blindado explodindo o inimigo e chegando à vitória, isso é muito melhor do que ser um soldado de infantaria com bombas caindo por todo lado perto de você!

> **31**
>
> **Pense sobre o exame de um jeito que o *ajude*.** Depois de encontrar algo de que você goste, pense nisso várias vezes. Você pode também escrever a sua metáfora, ou desenhar algum tipo de representação, e fixá-la em algum lugar.

Bons pensamentos!

3. TIGRE: IMAGINAR SEU SUCESSO

AQUILO QUE VOCÊ ESPERA É AQUILO QUE RECEBE.

Pessoas que pensam que vão se sair mal em um exame costumam se sair mal.

Pessoas que pensam que vão se sair bem em um exame costumam se sair bem.

Por que será?

Bem, isso é baseado em um princípio muito simples, mas muito poderoso chamado de "profecia autocumprida".

O que você *acredita* que vai acontecer tende a acontecer. Em outras palavras, muitas vezes aquilo que você espera é aquilo que você recebe.

Com certeza, todos nós conhecemos pessoas que parecem sempre "esperar o pior" (e demonstram que tinham razão, é claro), mas, felizmente, isso funciona de forma positiva, assim como negativamente. Então, como você pode *esperar se sair bem*?

Você pode *praticar* imaginando que está se saindo bem.

Já descrevemos a maneira que atletas campeões se imaginam vencendo – em suas mentes – muitas vezes antes de participar do evento. Durante meses antes de uma competição importante, eles se imaginam ganhando e ensaiam várias vezes sua vitória, repetidamente.

Aparentemente existe uma base científica para isso: há um filtro inconsciente no nosso cérebro chamado de Sistema de Ativação Reticular (SAR). Quando nos concentramos em um determinado pensamento ou imagem, o SAR nos ajuda a fazer isso acontecer. É como encontrar uma vaga no estacionamento cheio. Assim que você imagina encontrar uma, muitas vezes você a encontra. Não é que você, de alguma forma mágica, criou a vaga com sua mente. A explicação parece ser que, uma vez preparado, o seu cérebro está em estado de alerta para perceber algo útil como alguém com sacolas de compras caminhando em direção ao carro.

Como atletas campeões, imagine-se ganhando!

3. TIGRE: IMAGINAR SEU SUCESSO

> **32**
> **Crie um filme em sua mente.**
> Você pode usar qualquer uma das sugestões abaixo para começar, mas sinta-se à vontade para alterá-las para o *seu* "filme", de modo que sejam adequadas para *você*.
> Depois de ter criado o seu filme, assista a ele regularmente.

A) ANTES DE UM EXAME ORAL

Imagine-se entrando na sala do exame. Você está se sentindo confiante e relaxado. Você cumprimenta o examinador cordialmente e dá um sorriso. Você responde às perguntas do examinador e fala sobre coisas diferentes com facilidade. Está tudo bem. É como falar com um velho amigo. Você se levanta, despede-se e sai da sala. Você se sente muito satisfeito com a maneira como as coisas correram. Você conseguiu. Parabéns!

B) ANTES DE UM EXAME ESCRITO

Imagine-se entrando na sala do exame. Você está se sentindo confiante e relaxado. Você se senta em seu lugar e olha ao seu redor. É hora de começar. Você vira o papel, lê com atenção as perguntas e sorri. Você pega sua caneta e começa a escrever. O tempo passa muito rapidamente enquanto você escreve e escreve e escreve. Você tem muito a dizer! Você termina. O exame acabou e você se sente ótimo.

C) ANTES DE UM EXAME PRÁTICO

Imagine-se entrando na sala do exame. Você está se sentindo confiante e relaxado. Você cumprimenta o examinador com confiança, dá um sorriso e olha ao redor da sala. Você começa seu exame prático (uma demonstração? uma aula?) e faz tudo que precisa ser feito com clareza e corretamente. Está tudo bem. Se alguém lhe fizer qualquer pergunta, você responde com confiança e facilidade. O exame acabou. Parabéns!

D) ANTES DE UM EXAME DE MOTORISTA

Imagine-se cumprimentando seu examinador com um sorriso e entrando no carro. Coloque o seu cinto de segurança, verifique os espelhos retrovisores e a posição do banco e ligue o motor. Imagine-se dirigindo, ouvindo atentamente às instruções do seu examinador e seguindo-as corretamente. Você se sente confortável, mas alerta. Você consegue responder a qualquer pergunta com facilidade. Você está dirigindo bem, sem dificuldades e executa suas manobras com muita competência. Parece que o exame acaba em pouco tempo. Você tem orgulho de si mesmo!

Exiba o seu filme repetidas vezes em sua mente. Inicie várias semanas antes do exame e faça isso pelo menos uma vez por dia*. Quanto mais você imaginar o exame sendo uma experiência agradável e descontraída, mais agradável e descontraído ele *será*. Você vai ficar menos estressado e mais capaz de se sair bem.

> ### 33
> **Crie um atalho para seu filme**
> Você também pode criar um atalho para o seu filme em sua mente (criar um *link*, um ícone), para tornar o acesso mais fácil quando precisar dele. Na próxima vez que exibir o seu filme na sua mente, pense em uma palavra que de alguma forma resuma essa experiência e diga a si mesmo várias vezes. Não importa qual seja a palavra. Não precisa fazer sentido para ninguém, exceto para você. Depois, sempre que quiser retomar a sensação de "bem-sucedido fazendo o exame", apenas diga para si mesmo a "senha" e isso vai trazê-la de volta.
> Você também pode dizer a sua palavra para si mesmo a qualquer momento durante o exame, se precisar de um incentivo.

NOTA IMPORTANTE

Lembre-se de que você também precisa **se preparar cuidadosamente para o exame**. Imaginar se saindo bem não é suficiente *por si só*, apesar de alguns livros recentes sugerirem que isso baste. É um elemento importante que é muitas vezes ignorado, mas precisa ser *mais que* uma preparação cuidadosa, e não um substituto para ela! Você precisa fazer as duas coisas: preparar-se cuidadosamente e se imaginar saindo-se bem.

---

* É uma boa ideia fazer isso na mesma hora todos os dias, como um pouco antes de dormir, por exemplo. Isso o ajuda a estabelecer uma rotina e a lembrar-se de fazer regularmente.

4. TIGRE: GANHAR AUTOCONFIANÇA

"Se você pensa que pode ou pensa que não pode você está certo!"
Henry Ford

Você sabia que muitas vezes nos programamos para fracassar? Como? Tendo repetidamente pensamentos negativos. Às vezes, aprendemos com outras pessoas que nos disseram que há algo errado com a gente e acreditamos nelas. Mas às vezes nós mesmos criamos esses pensamentos negativos.

Se você disser a si mesmo: *"Não consigo fazer isso. Sou incompetente. Não sou bom nisso. Vou fracassar"* etc. etc., e tiver esses pensamentos repetidas vezes, o que irá acontecer?

Bem, você acabará acertando: *não conseguirá* fazer isso, *será* incompetente, *não será* bom, você *fracassará*!

Seu pensamento negativo acaba se transformando numa "profecia autocumprida".

Às vezes você fracassa porque o seu pensamento negativo compromete a sua habilidade quando tenta fazer aquilo.

Às vezes isso acontece porque, para começar, esse pensamento o impede até de tentar fazer.

Então, você nunca descobre se consegue ou não fazer isso.

CAPÍTULO 4 ESTRATÉGIAS PARA ESTIMULAR SUA CONFIANÇA PARA O EXAME: TIGRE

À medida que envelhecemos, tendemos a acrescentar à nossa lista frases começando com *"Não consigo"*, dizendo algo como: *"Não consigo me lembrar mais das coisas"*, *"Estou velho demais para fazer X"*, *"Meu cérebro não é tão bom como antes"* e assim por diante. Muitas vezes estes são mitos do "senso comum" predominantes no mundo que aceitamos como verdade, como aquele mito sobre o cérebro se deteriorando à medida que envelhecemos. Não necessariamente. Ele certamente se deteriorará se você não usá-lo. E você não vai usá-lo se achar que não consegue!

Mas lembre-se, da mesma forma que podemos nos programar para *fracassar*, também podemos nos programar para *ter sucesso*.

QUERER É PODER

Uma solução para pensamentos negativos é gravar novos pensamentos úteis e positivos por cima dos velhos e inúteis. E dizê-los repetidamente para si mesmo. Esses pensamentos são muitas vezes chamados de afirmações.

Aqui estão algumas afirmações possíveis.
Eu consigo fazer isso.
Está O.K. Eu estou bem.
Eu consigo me sair bem.
Eu estou me divertindo com isso.

4. TIGRE: GANHAR AUTOCONFIANÇA

Eu sou bom nisso.
Minha memória está ficando cada vez melhor!

> **34**
>
> **Agora crie suas próprias afirmações.**
> Fique à vontade para escolher qualquer afirmação da lista acima que lhe agrade ou para inventar algo de que você goste mais.
>
> O importante é que:
> - você esteja feliz com suas afirmações
> - elas sejam positivas e úteis
> - elas sejam expressas no tempo presente – elas tratam do *agora*
> - você as repita para si mesmo com frequência (principalmente quando o exame estiver chegando perto!)

E lembre-se, não há problema em não acreditar no que está dizendo no início. Quanto mais você fizer uma afirmação, mais irá aceitá-la como *possível*, depois como *plausível*, *provável* e, finalmente, como *verdadeira*.

Além disso, quanto mais você praticar suas afirmações antes de seu exame, mais fácil será lembrá-las e usá-las de fato durante o próprio exame, se você precisar.

Comece a praticar **agora**!

83

5. TIGRE: RELEMBRAR SUAS REALIZAÇÕES

"Você é simplesmente o melhor, melhor do que todo o resto."
HOLLY KNIGHT E MIKE CHAPMAN

Muitas vezes lembramos mais facilmente dos nossos fracassos do que de nossos sucessos.

Podemos nos lembrar nitidamente daqueles momentos em que as coisas deram errado para nós, mas às vezes temos mais dificuldade em lembrar claramente quando as coisas deram certo.

Por que será?

Um dos motivos é que nosso centro emocional está localizado bem junto ao centro da nossa memória de longo prazo no cérebro. Se os eventos estiveram ligados a muita emoção, tendemos a recordá-los por muito tempo.

Muitas vezes, experiências ruins têm mais emoção associada a elas do que as boas experiências, e essas memórias podem ficar conosco por anos. Somente se permitirmos isso.

Não é uma boa ideia se você começa o exame pensando:

> SOCORRO!
> A última vez que fiz um exame como este, foi um desastre total!

Se você *pensar* dessa maneira, vai *se sentir* mal. E se você *se sentir* mal, não será capaz de *dar o seu melhor*. Na verdade, você provavelmente *irá se sair* mal...

Nossos pensamentos, emoções e ações estão todos ligados. Cada um deles influencia os outros, tanto de maneira positiva quanto negativa. O que estou *fazendo* afeta como estou *me sentindo* e isto, por sua vez, determina os meus *pensamentos*. E já vimos que *meu pensamento* afeta como *me sinto* e, portanto, o como eu *faço*. Essa é outra maneira de lidar com isso.

5. TIGRE: RELEMBRAR SUAS REALIZAÇÕES

Pare um momento e pense em todas as vezes na sua vida que você fez algo bem. Quando você fez algo que lhe agradou. Não importa o que é. Se é grande ou pequeno. Pode ser qualquer coisa: marcar um gol na partida de futebol, tocar uma música com um instrumento, fazer um desenho, escrever uma redação, resolver um problema de Matemática, fazer um bolo, salvar um gato… Qualquer coisa!

> **35**
>
> **Faça uma lista de todos os seus sucessos.**
>
> Depois:
> 1. Coloque-a em algum lugar onde você irá vê-la todos os dias.
> 2. Sempre que você pensar em algum outro "sucesso", adicione-o à lista. Deixe sua lista crescer cada vez mais.
> 3. Olhe para a sua lista sempre que precisar de um incentivo, e lembre-se de olhar para ela pouco antes de seu exame!

Às vezes é um pouco difícil *começar* essa lista. Muitos de nós não estamos acostumados a focar em nossos sucessos, e por isso pode ser bem difícil pensar em algo no início. Uma vez que você começou a sua lista, porém, como que de repente, fica muito mais fácil, e é incrível como as ideias começam a aparecer constantemente, onde quer que esteja, não importa o que você esteja fazendo.

LISTA DE SUCESSOS
- Passei no exame de motorista na primeira vez.
- Fui ao trabalho e voltei de bicicleta durante dois meses.
- Perdi sete quilos no ano passado.
- Parei de fumar.
- Consegui publicar um artigo em uma revista.
- Dei um WORKSHOP em francês!
- Fui a uma aula zumba!
- Fiz um SUDOKU 'muito difícil'!

> **36**
>
> **Pense em uma palavra, expressão ou até em uma música** que você associa a algo que você faz bem e que o faz se sentir muito bem.
>
> 1. Pense nesta palavra ou expressão enquanto você lê toda a sua lista. Se for uma música, ouça-a tocando em sua cabeça. (Você já usou uma técnica similar de criar um atalho para um filme em sua mente na Tarefa 33.
> 2. Toda vez que olhar para a sua lista, diga a palavra ou expressão a si mesmo ou ouça a sua música em sua cabeça.

Sua palavra ou expressão pode ser algo como:
Sim! Legal! Bom trabalho! Maravilhoso! Muito bom! Ótimo! Parabéns! Vá em frente!

Ou pode não ser nenhuma dessas. Encontre algo que funcione para *você*.

A sua música pode ser absolutamente qualquer uma de que você goste e que lhe dê uma sensação boa.

5. TIGRE: RELEMBRAR SUAS REALIZAÇÕES

E depois, no grande dia, **ouça as suas palavras ou canção em sua mente enquanto você entra na sala do exame**. Isso vai lembrá-lo de que você pode fazer as coisas *bem* e vai ajudá-lo a se sentir ótimo. E isso também vai ajudá-lo a ter um ótimo desempenho!

E se em algum momento durante o exame você se sentir um pouco nervoso, é só ouvir as suas palavras ou a sua música de novo e isso lhe dará poder.

6. TIGRE: EXERCITAR CORPO E MENTE

QUEM NÃO ARRISCA, NÃO PETISCA.

Nossa mente e nosso corpo estão ligados.

Todos sabemos que a nossa mente afeta o nosso corpo. Quando estamos preocupados ou estressados e sem poder *pensar* de maneira clara, sentimos os efeitos *fisicamente*: ficamos cansados, temos dor de cabeça, nas costas, problemas de estômago. Ficamos até doentes, com resfriados, tosse ou problemas mais graves.

Mas você sabia que o inverso também é verdadeiro? **O nosso corpo afeta a nossa mente.** Como nos sentimos no nosso corpo afeta nossa capacidade (ou incapacidade) de pensar claramente. Ficar sentado por horas a fio faz com que nosso corpo se torne mais lento e com isso nossa mente se torna mais lenta também.

Exercício físico - até um mínimo de exercício físico, como levantar-se e sair andando por aí, dá um impulso ao nosso sistema: desencadeia a nossa circulação, que por sua vez transporta mais oxigênio para o corpo todo. Isto significa que o nosso cérebro recebe mais oxigênio também. Com mais oxigênio, ele pode pensar melhor.

Aqui estão algumas sugestões muito simples que você pode fazer para aumentar o fluxo de oxigênio para seu cérebro.

Você pode fazê-las enquanto estiver estudando para o exame, ou no próprio dia do exame, antes de ir para a sala.

- **Levante-se, faça alongamentos e caminhe.**
- **Exercite os músculos da face.**

(Isso reduz a tensão em sua mandíbula e aumenta o fluxo de sangue – e, portanto, de oxigênio – para o seu cérebro. Também o ajuda a falar mais claramente em um exame oral!)

- **Faça uma batida de gorila** (bate levemente no seu peito).

Uma dica da Jane!

"Eu costumo ir para o banheiro para fazer isso e algumas das outras coisas descritas abaixo antes de dar uma palestra para um grupo grande de pessoas. O resultado é que muitas vezes as pessoas me olham de maneira esquisita quando eu abro a porta e saio! Mas eu me sinto tão energizada e positiva que eu realmente não me importo."

Jack acrescenta:

"Eu gosto de fazer esse tipo de exercício, principalmente a batida de gorila, junto com a plateia no início da palestra ou no meio dela, quando o nível de energia e a concentração das pessoas naturalmente começam a ficar mais baixos. Sempre faz sucesso!"

37
Faça alguns exercícios simples.
Faça uma dessas três sugestões listadas acima *agora mesmo*!
Ou, melhor ainda, faça todas as três ao mesmo tempo!

Exercícios de Ginástica Cerebral são exercícios físicos simples que podem nos ajudar a estimular partes específicas do nosso cérebro e as conexões entre elas.

Aqui estão dois para você poder experimentar.

1. Faça esse primeiro para melhorar as conexões entre os lados esquerdo e direito do cérebro e deixar o seu cérebro inteiro trabalhar de forma mais poderosa.

Muito devagar, levante a perna direita e coloque a mão esquerda (ou cotovelo) no joelho direito. Abaixe sua perna direita, coloque o pé no chão de novo e fique reto. Agora, levante a perna esquerda e coloque a mão direita (ou cotovelo) no seu joelho esquerdo. Abaixe sua perna esquerda, coloque o pé no chão de novo e fique reto.

Faça isso 10 ou 12 vezes.

2. Massageie seus pontos positivos – a área entre as sobrancelhas e a raiz do cabelo – com a ponta dos dedos. Isso reduz o estresse e o nervosismo do exame, e pode ajudá-lo a se sentir mais confiante.

Os exercícios de Pilates também são ótimos. Eles se concentram no alinhamento e movimento corretos da coluna vertebral. A coluna vertebral protege a estrada principal do nosso sistema nervoso central, por isso é fundamental mantê-la funcionando da forma mais saudável possível. Os exercícios de Pilates também são excelentes para liberar o tipo de tensão muitas vezes produzida por estresse na região lombar ou na parte superior das costas, pescoço e ombros.

> **38**
>
> Aqui está um exercício muito simples para liberar a parte superior das costas e ombros, baseado nos princípios de Pilates.
>
> 1. Coloque as mãos atrás da cabeça.
> 2. Expire enquanto empurra lentamente os cotovelos para trás, até uma posição confortável. Sinta um grande alongamento em toda a parte superior das costas.
> 3. Inspire enquanto volta os cotovelos para frente na posição inicial.
> 4. Faça isso 4 ou 5 vezes.

E lembre-se de duas coisas importantes. Beba água e respire profundamente!

Água - surpreendemente nos dá energia instantânea. Beba água de vez em quando, sempre que estiver estudando.

E sempre tome alguns goles de água pouco antes do seu exame.

Verifique antes do exame se é permitido entrar com uma garrafa de água. Se puder, faça isso. (Mas deixe-a em algum lugar em que não caia sobre seus papéis!).

A respiração profunda elimina mais dióxido de carbono dos nossos pulmões e abre espaço para mais oxigênio, e assim há mais oxigênio disponível para o nosso cérebro também. A respiração profunda nos energiza e nos acalma ao mesmo tempo. Ela nos ajuda a nos sentirmos em alerta, mas relaxados: um estado ideal para qualquer exame. Outra coisa que é bom saber é que, quando você respira mais profundamente, você inevitavelmente respira mais devagar. E quando você respira mais lentamente, você também fala mais devagar, de modo que este tipo de respiração pode ajudar a combater a Síndrome da Fala Rápida causada por nervosismo no exame, que afeta tantas pessoas que fazem um exame oral.

É uma boa ideia praticar a respiração profunda diariamente – para que possamos usá-la sempre que precisarmos. A respiração profunda pode ser a respiração abdominal, como a respiração que você faz na ioga, ou a respiração torácica, como a respiração que você faz em Pilates. Seja qual você escolher, você pode verificar se está fazendo isso corretamente, colocando as mãos sobre sua barriga ou na sua caixa torácica. Uma boa maneira de praticar é deitado.

39
Respire profundamente algumas vezes *agora mesmo*.
Se não for possível deitar-se, então apenas faça isso em pé por enquanto.

NOTA IMPORTANTE

Se você alguma vez sentir tontura enquanto pratica a respiração profunda, pare e respire normalmente. Comece com poucas respirações profundas, e aumente lentamente ao longo do tempo.

Lembre-se de respirar lenta e profundamente um pouco antes de entrar na sala do exame. E se você estiver fazendo um exame escrito, é uma boa ideia fazer isso enquanto estiver lendo as questões do exame.

Você também pode usar a respiração para se acalmar a qualquer momento durante um exame, se de repente tiver um ataque de pânico ou perder a concentração.

Uma dica do Jack:

"Você também pode combinar a respiração profunda com palavras ou pensamentos. *Inspire* o que você quer e *expire* o que você não quer.

Eu me lembro muito bem a primeira vez que fui entrevistado no *Programa do Jô*, em 2002. É claro que eu estava morrendo de medo! Sentado na frente, esperando para ser chamado, eu praticava a respiração profunda para me acalmar e ao mesmo tempo inspirava tudo que eu precisava, pensando: 'Eu inspiro inteligência, confiança, senso de humor, calma etc. etc.', e expirava tudo que eu não queria, pensando – 'Eu expiro medo, nervosismo, erros de português, burrice etc. etc.'. Funcionou! A entrevista foi um sucesso e eu já fui convidado para voltar no programa várias vezes – e sempre uso essa mesma técnica!".

A respiração determina de forma muito forte o nosso estado. Ela pode influenciar profundamente como nos sentimos. Se você praticar a respiração profunda e lenta de maneira regular, vai se sentir melhor e mais ativo em geral, e a técnica ficaria prontamente disponível para você se precisar dela numa emergência.

7. POUCO ANTES DO EXAME

"Divirta-se. É mais tarde do que você pensa."
Provérbio chinês

Certifique-se de se cuidar no período que antecede a um exame: física, mental e emocionalmente, para que você esteja em sua melhor forma para o grande dia. Além de se preparar para o exame em si de uma forma focada (veja próxima seção), descanse bastante e arranje tempo para relaxar, fazendo algo que o ajude a relaxar.

7. POUCO ANTES DO EXAME

Aqui estão algumas coisas que você pode fazer *pouco antes do exame*, se precisar de algo extra. Não é recomendável fazer *todas* elas, mas sim escolher algumas da lista.

> **40**
> Leia a lista de dicas e selecione uma ou duas ideias novas para experimentar.
> Talvez seja legal fazer isso bem antes do exame, para que você saiba quais funcionam melhor para você.

PARA VOCÊ FICAR CALMO

Olhe para uma **mandala** (veja página 121) ou uma imagem 3D, enquanto está esperando.

Ouça uma **música** relaxante no seu aparelho de MP3. Obviamente todos nós temos ideias diferentes sobre o que é relaxante e o que não é!

Dizem que é muito difícil sentir-se ansioso enquanto você está cantarolando, então – se você estiver em algum lugar onde isso é possível, **cantarole uma música**!

Chupe uma **bala** ou mastigue chiclete. Mastigar tem um efeito calmante. (Mas lembre-se de tirá-lo antes do exame, principalmente se for um exame oral!)

Use um **terço** ou **pulseira de contas** em suas mãos.

Pingue algumas gotas de Florais de Bach *Rescue Remedy* na sua língua. Tem um efeito calmante maravilhoso.

PARA VOCÊ ACORDAR

Tome um pouco de **chá mate**, guaraná, açaí ou um **energético**.

Use roupas **vermelhas** (se for apropriado). As cores afetam o nosso cérebro – vermelho aumenta a nossa energia.

PARA FAZER VOCÊ RIR

Use **meias engraçadas**, de preferência uma diferente em cada pé. Olhe para elas de vez em quando para se lembrar de não levar as coisas demasiado a sério.

Lembre-se de uma **piada** ou cena de um filme ou programa de TV que faz você rir.

Imagine o examinador com uma **banana** na cabeça!

PARA DESLIGAR

Faça palavras cruzadas, caça-palavras ou *sudoku* enquanto espera para entrar na sala do exame.

PARA AJUDAR VOCÊ A DORMIR NA NOITE ANTERIOR

Coloque algumas gotas de óleo essencial de **lavanda** no travesseiro. Use bem pouco! Uma quantidade bem pequena ajudará você a dormir. Uma quantidade muito elevada vai deixá-lo acordado.

E, FINALMENTE, UM LEMBRETE IMPORTANTE

As técnicas TIGRE não substituem o planejamento e a preparação adequados para exame – são *adicionais* a isso. No entanto, são um complemento muito importante, porque, por mais bem preparado que você esteja antes, se não estiver em bom estado mental, emocional e físico, você irá prejudicar seu desempenho e seus resultados. Se você *se sentir* bem, irá *pensar* com clareza e *se sair* bem! Boa sorte!

CAPÍTULO 5

OBSERVE AS REGRAS DO JOGO DO EXAME

1. PARA QUALQUER TIPO DE EXAME
2. PARA OS EXAMES ORAIS OU PRÁTICOS
3. PARA OS EXAMES ESCRITOS
4. AFIE SEU MACHADO!
5. VIRE SUAS PROVAS. FAZENDO UM EXAME ESCRITO

O objetivo do CAPÍTULO 5 é auxiliar você a descobrir, com precisão, quais os requisitos do seu exame e, em seguida, fazê-lo praticar suas habilidades para o exame para que possa responder às exigências... e passar!

1. PARA QUALQUER TIPO DE EXAME

*"A vontade de vencer é importante,
mas a vontade de se preparar é vital."*
Joe Paterno (técnico de futebol americano)

Aprenda tudo que puder com bastante antecedência. Independente do tipo de exame que você for fazer, é importante saber exatamente o que é exigido de você e, acima de tudo, estar bem preparado.

Exemplo:

O que está no programa de estudo?
O que os examinadores estão procurando?
Quais são as prioridades?
Quais itens são menos importantes?
Quais questões valem mais ou menos pontos?
Qual o tempo de duração do exame como um todo?
Quanto tempo você terá para cada parte do exame ou para cada questão?

É impressionante como muitos candidatos fazem um exame sem esse tipo de conhecimento de antemão. E aí eles saem choramingando: "Ah, eu não sabia!". Pois bem, é obrigação *sua* saber. Essa parte é com você mesmo. Há muitos manuais específicos para praticamente todos os exames que existem por aí, e há um monte de coisas na internet. Assim como há muitos professores e instrutores experientes, e também diversas pessoas que já fizeram os exames e que podem lhe dar informações e conselhos. Então, assuma a responsabilidade de se informar com bastante antecedência. Mesmo que você ache que sabe, sempre verifique o manual do candidato duas vezes e se mantenha atualizado. As coisas podem mudar.

> **41**
> Você sabe exatamente o que precisa saber ou fazer para cada exame que vai prestar? Se você não sabe, ou se não tem certeza, verifique *agora*.

2. PARA OS EXAMES ORAIS OU PRÁTICOS

É importante saber o que os examinadores estão procurando.
O que é essencial? Isso é bem diferente de "O que é apenas *desejável?*".
O que é inaceitável? O que poderia resultar em reprovação total?

Um exemplo da Jane:

"No meu exame prático para instrutora de Pilates, por exemplo, foi dito claramente, e com bastante antecedência, que as questões de *segurança* do cliente são primordiais. É obrigatório certificar-se de que os clientes comecem e terminem as posições para os exercícios sem se colocarem em risco. Não importa se você se sair bem em outros aspectos do exame, se você não oferecer segurança para o seu cliente, você é reprovado. Então, obviamente, era sensato prestar atenção especial a isso, dar as instruções com cautela e praticar isso exaustivamente de antemão, mesmo errando com excesso de segurança, só para ter certeza.

E você sabe de uma coisa? Observando as regras do jogo desse jeito, muitas vezes podemos garantir uma prática útil, além do exame em si – o meu foco (até mesmo minha obsessão) com a segurança no exame prático fez com que eu ficasse muito mais atenta à segurança nas minhas próprias aulas do que, caso contrário, eu poderia ter sido."

CAPÍTULO 5   OBSERVE AS REGRAS DO JOGO DO EXAME

Se você vai fazer qualquer tipo de prova oral ou prática, procure saber com seus professores ou instrutores esse tipo de informação com bastante antecedência. Essas informações também podem estar disponíveis na internet.

Se você for tirar a Carteira Nacional de Habilitação, por exemplo, faça a busca no Google – "como não ser reprovado no exame de CNH" – e vai achar muitas dicas úteis (por exemplo, "não regular os espelhos retrovisores durante o percurso do exame").

Há também sites que lhe darão conselhos para maximizar suas chances de ser aprovado na primeira vez. Faça, por exemplo, uma busca no Google – "como passar no exame CNH". São dicas muito parecidas com as outras, só que obviamente ao contrário!

42

Faça duas listas para cada exame que você está fazendo
Faça uma lista de fatos, comportamentos ou habilidades essenciais e trate de *adquiri-los*.
Faça uma lista de itens que causariam sua reprovação e lembre-se de *não executá-los*.

3. PARA OS EXAMES ESCRITOS

"Preparar-se é o segredo do sucesso."
Henry Ford

Há muitas informações de que você precisa saber *antes* de começar a revisar.

FAÇA SUAS PESQUISAS

Descubra:

Qual é a nota mínima exigida para cada exame?
Quais partes do exame são obrigatórias e quais são opcionais?
Como as notas são distribuídas?

e assim por diante.

Depois, faça revisões de acordo com o valor das notas. Só se você tiver muito tempo de sobra é que poderá se dar ao luxo de revisar absolutamente tudo. Caso contrário, você precisará ser seletivo. Se o tempo estiver apertado, e normalmente está, não fará sentido gastá-lo em áreas que não lhe darão altas notas.

Descubra também:

Qual é o formato das perguntas?

São redações? Perguntas do tipo múltipla escolha? Respostas curtas às perguntas? Algo diferente? Ou é uma mistura disso tudo? Seja qual for o formato das perguntas, você deverá estar preparado para respondê-las adequadamente e, para isso, terá de praticar muito.

Fazer simulados *on-line* é a melhor forma de adquirir prática em testes de **múltipla escolha** ou de **respostas curtas**, porque eles dizem imediatamente se você acertou. Caso contrário, use exames de anos anteriores ou manuais desde que tenham as respostas!

Não se trata de conseguir notas altas em tais testes. Na verdade, as respostas erradas são sem dúvida mais importante do que as respostas certas. Se você tiver uma resposta errada, tome nota da resposta correta e guarde-a. Se você não sabe por que esta é a resposta correta, então pesquise e verifique. Observe também se há algum padrão nas suas respostas incorretas. Há áreas onde você parece estar tendo mais dificuldade do que em outras? Se houver, volte para essas áreas e estude-as novamente.

Se você precisa praticar **redações**, há algumas orientações nas seções 4, 5 e 6, abaixo.

ESTUDE EXAMES DE ANOS ANTERIORES

Muitos lugares disponibilizam aos candidatos exames antigos, mas, se não fizerem isso, você pode encontrar muito material na internet. Se você tiver alguns exames de anos anteriores, estude-os analiticamente. Consultar vários exames dos últimos anos é o ideal, mas, se não for possível, apenas um ou dois exames já vão lhe dar uma boa ideia.

Quais tópicos aparecem repetidamente?

> **43**
> 1. **Faça uma lista de tópicos recorrentes** que aparecem regularmente.
> 2. Escolha alguns tópicos dessa lista para **fazer uma lista mínima de tópicos que você vai estudar em detalhe**.
> 3. **Adicione mais 1 ou 2 tópicos à sua lista**, por segurança.
> É sempre bom ter alguns tópicos extras na manga, de reserva.

Que tipos de perguntas são feitos sobre esses tópicos?

44

Faça uma lista das perguntas para cada um dos tópicos que você escolheu.

Observe os diversos aspectos que elas abrangem e sublinhe as palavras-chave.

Existe um certo tipo de pergunta que se repete com mais frequência do que outras?

NOTA IMPORTANTE

Às vezes é possível encontrar respostas-modelo para essas perguntas, mas sempre tome o cuidado de ler e responder as perguntas atentamente, pois o seu modelo de resposta talvez nem sempre se encaixe perfeitamente (veja abaixo).

MELHORE SEU PLANEJAMENTO DE REVISÃO

Estudar exames anteriores dessa forma pode ajudá-lo a ajustar o seu planejamento e todo o processo de revisão.

Depois de ter escrito as palavras-chave que se repetem nas perguntas sobre os tópicos escolhidos, você pode pesquisar nos seus livros e anotações para encontrar essas referências e destacá-las de alguma forma – com um *post-it*, ou caneta marca-texto se suas anotações estão em papel ou, se você estiver trabalhando em um computador, você pode destacar em cores diferentes, marcar, adicionar comentários no texto etc.

Esse processo também o ajudará a identificar as lacunas em seu conhecimento. Por exemplo, quando você não consegue encontrar muitas referências (ou mesmo nenhuma) a uma palavra-chave! É bom saber disso o quanto antes para poder preencher as lacunas e descobrir as informações que faltam.

Quando estiver pronto, você pode juntar todas as referências em um novo conjunto de anotações, ou de documentos no computador, as quais poderá usar como base de uma resposta a uma pergunta sobre o assunto.

PRATIQUE LER AS PERGUNTAS COM ATENÇÃO

Lembre-se de que as pessoas muitas vezes são reprovadas em um exame não por falta de conhecimento, mas porque elas não adaptaram os seus conhecimentos para *responder à pergunta*.

É crucial aprender a ler as perguntas com atenção para que você possa respondê-las adequadamente. O primeiro passo é **escolher as palavras-chave e sublinhá-las ou destacá-las**. Feito isso, você está pronto para trabalhar na sua resposta (veja abaixo).

Lembre-se também de arranjar tempo para fazer isto com atenção durante o exame. É muito fácil interpretar mal uma pergunta quando você está um pouco nervoso. Ler cada questão com cuidado duas ou três vezes e sublinhar as palavras-chave é tempo bem gasto. Isso também irá ajudá-lo a evitar responder automaticamente com uma resposta pronta, logo que você vir um determinado tópico – resposta esta que pode ser apropriada ou não. Isso irá impedi-lo, também, de escrever absolutamente tudo que sabe sobre esse tópico sem responder exatamente o que foi pedido.

45

Pense sobre este exemplo simples de um exame sobre a História da Arte. Quais palavras você sublinharia? Como elas influenciariam a sua resposta? O que a questão está perguntando? O que ela não está perguntando?

Explique como eventos históricos são interpretados em duas obras de arte, cada um por um artista diferente.
(Uma sugestão de resposta para essa tarefa está na página 110)

> **46**
> Agora leia de novo as perguntas que você listou acima na **Tarefa 44**
> **Sublinhe as palavras-chave** em cada pergunta.
> Como essas palavras afetam a sua resposta?

PLANEJE SUAS RESPOSTAS

Depois de fazer sua lista de **tópicos**, sua lista de **perguntas** sobre cada tópico e as **palavras-chave** nessas perguntas, você está pronto para começar a planejar algumas respostas.

Escolha uma pergunta e **faça um esboço** aproximado de como você vai respondê-la

> **47**
> 1. **Escreva *todas* as suas ideias no papel.**
> Não seja muito crítico nessa fase. Não altere as ideias ainda.
> Escreva *qualquer coisa* que você ache pertinente para a questão.

Para começar, faça isso sem pensar muito, porque é uma boa prática para ter jogo de cintura na hora do exame. E você poderá se surpreender com o quanto já sabe depois de ter seguido os passos anteriores.

Uma ótima maneira de gerar ideias é usar um mapa mental (veja página 36).

Escreva a questão do exame no centro de sua página (paisagem) e anote todas as suas ideias em torno disso. Você não precisa usar cores nessa fase, nem precisa colocar ainda seus pensamentos em nenhuma ordem especial. (Esse é o passo seguinte.)

48

2. Faça conexões entre ideias.
Desenhe linhas, círculos ou caixas para conectar as ideias que parecem se combinar ou então use cores ou símbolos diferentes para indicar grupos de ideias.

49

3. Preencha as lacunas.
É bem provável que você tenha de ler novamente as suas anotações para poder fazer isso, mas, se você fez todas as tarefas sugeridas anteriormente nesta seção, agora será muito mais fácil acessar as informações que precisa. Você pode fazer isso antes de fazer as conexões, se preferir.

50

4. Dê estrutura a sua resposta.
Coloque suas ideias em algum tipo de ordem com significado e adicione cabeçalhos e subtítulos. Você vai precisar de uma folha de papel em branco para fazer isso. Se você estiver criando um mapa mental novo, é comum começar na posição de 1h no relógio e continuar no sentido horário, mas sinta-se à vontade para inventar seu próprio modo de fazê-lo da forma que melhor funcionar para *você*. Se estiver usando anotações lineares comuns, faça uma lista de títulos e use marcadores de subitens. Quando você terminar, dê uma boa olhada em sua resposta estruturada. A estrutura funciona? Tudo que está lá é pertinente à questão? Está faltando algo?

> **51**
> 5. Adicione uma breve introdução e conclusão.

Examinadores apreciam uma **introdução** numa redação, porque eles têm imediatamente uma noção geral do que você deverá dizer em sua resposta, e podem ver na hora se você está no caminho certo. É também útil para você esclarecer o significado da questão, como interpreta determinadas palavras e, portanto, como abordará o tema na sua resposta. A **conclusão** é uma oportunidade para você resumir o que escreveu, dar o seu próprio ponto de vista ou, simplesmente, responder à pergunta brevemente em uma ou duas frases. Faça o que fizer, você precisará ter certeza de que a sua conclusão remete claramente à questão original! Tenha cuidado para não "encher linguiça". Mantenha a sua introdução e conclusão curtas e relevantes.

Depois de trabalhar as etapas de 1 a 5 nesta seção, agora você tem um plano de respostas completas. Com o tempo, você poderá voltar e repetir o processo com outras perguntas.

ESCREVA ALGUMAS RESPOSTAS COMPLETAS

Talvez você queira escrever algumas de suas respostas na íntegra, como se fosse uma resposta do exame. Você não precisará fazer isso para cada plano de resposta que preparar, mas é bom fazer isso pelo menos algumas vezes, para que você experimente como é. Assim que ganhar confiança, execute apenas as etapas 1-5 com as perguntas que você está focando.

Para recapitular:
Planeje suas respostas

CAPÍTULO 5 OBSERVE AS REGRAS DO JOGO DO EXAME

Você achará mais fácil revisar a partir desses planos quando ficar mais perto da hora do exame. Uma maneira de fazer isso é olhar para uma questão, verificar o quanto se lembra de como responderia (em silêncio, em voz alta ou no papel) e, depois, verificar no seu plano de respostas para descobrir se acertou. Mas tome muito cuidado para verificar o enunciado das questões no exame. Se houver até uma pequena diferença da questão que você praticou, precisará se adaptar de acordo à mudança.

Sabemos que tudo isso parece um trabalhão. E é. Mas lembre-se por que está fazendo tudo isso. Se o exame é um meio para conseguir algo importante em sua vida, então vale a pena. O procedimento descrito acima – PLANEJE SUAS RESPOSTAS – é muito útil para escrever qualquer composição ou redação, se for para um exame ou não. É também muito útil para a preparação de uma palestra, uma apresentação, uma aula... e muitas outras coisas. É útil até para escrever um capítulo de um livro. Na verdade, *este capítulo* foi criado usando exatamente esse procedimento.

FAÇA UM SIMULADO

Depois de ter trabalhado muitas questões do exame na forma descrita acima – e quando você se sentir razoavelmente confiante –, estará na hora de fazer um *simulado*, ou seja, sem poder consultar quaisquer anotações ou fontes de informações e com um determinado limite de tempo.

> **52**
> 1. Selecione uma pergunta de forma aleatória e **escreva uma resposta**, respeitando o máximo possível o tempo previsto para a pergunta.
> 2. Quando tiver terminado, **leia tudo** para verificar novamente não apenas as ideias, mas também detalhes básicos, como ortografia, pontuação e legibilidade.
> 3. Finalmente, **compare isso com seu plano de resposta** e observe se está incluído tudo o que deveria estar lá.

Se houver certas palavras importantes ou frequentes que você acha difícil de escrever corretamente, é uma boa ideia praticá-las. Faça uma lista e peça a alguém para fazer um teste com você, ou grave-as e faça um teste consigo mesmo. Se achar que sua escrita fica pior e se torna ilegível quando você escreve rápido, então isso é algo que você precisará trabalhar também. Faça uma sessão de escrita rápida, todos os dias. Inicie com sua velocidade normal e escreva sem parar por exatamente cinco minutos. (Escreva sobre qualquer coisa – não importa se é completamente sem sentido – o importante é continuar escrevendo) Observe o quanto você escreve nesse tempo. Ao longo dos próximos dias, acelere pouco a pouco e observe a quantidade de texto aumentar progressivamente enquanto a legibilidade é mantida.

> Sugestão de resposta para a tarefa 45 na página 104
>
> Explique como eventos[1] históricos[2] são interpretados em duas obras de arte[3], cada um por um artista diferente[4].
>
> 1. Pelo menos dois eventos diferentes, não apenas um evento interpretado por dois artistas.
>
> 2. Eventos históricos ao invés de eventos religiosos, míticos ou qualquer outro tipo. Algo que aconteceu – uma batalha, coroação etc. – em vez de um retrato.
>
> 3. Pode ser uma pintura, desenho, escultura, fotografia etc. (Você precisaria definir isso.)
>
> 4. Duas artistas diferentes com apenas um trabalho de arte cada. Então você pode discutir, por exemplo: *Guernica*, de Pablo Picasso, e *Independência ou Morte*, de Pedro Américo.
>
> **Nota**: As palavras que ocorrem com frequência nos enunciados – tais como explique"/"desenvolva"/"analise"/"identifique"/"exponha"/"apresente" etc. – são palavras para levar em consideração. Significam basicamente que você precisa fornecer uma gama de pontos de vista, de formas de pensar sobre algo em sua resposta, e evitar ter opiniões fixas ou ser dogmático.

4. AFIE SEU MACHADO!

Algum estresse nos exames pode ser causado por desconhecimento. Se possível, tente visitar o local onde o exame vai ser realizado: a sala do exame (para um exame escrito), o estúdio (para um exame de dança), as ruas locais (para um exame de motorista), e assim por diante. Depois, você pode incorporar isso na técnica de imaginar o seu sucesso.

E lembre-se sempre de que não é nada pessoal: os examinadores não estão fazendo "pegadinhas"! Perguntas e tarefas são elaboradas para que você mostre o seu conhecimento ou a sua falta disso. A própria palavra "prova" é exatamente isto: a chance para você "provar" o que sabe. Então vá em frente e prove isso!

Nós chamamos esta seção do livro – **OBSERVE AS REGRAS DO JOGO DO EXAME** – porque um exame realmente *é* uma espécie de jogo e pode ser muito útil pensar assim. Existem certas **regras** e você precisa conhecê-las e respeitá-las se quiser ter uma boa chance de ganhar. Por que ignorá-las e correr o risco de ser desqualificado? Depois há a questão da **preparação e prática**. Os atletas que são muito bons nos seus jogos esportivos são bons porque eles praticam.

Gary Player, o famoso jogador de golfe sul-africano, uma vez fez uma ótima tacada, numa jogada muito complicada.
"Você teve sorte, viu!", disse um dos espectadores.
Gary olhou para ele por um momento, depois ele disse:
'Você sabe, é uma coisa engraçada. Eu acho que quanto mais eu pratico, mais sorte eu tenho."
Então, pratique – e divirta-se – jogando o jogo dos exames... e lembre-se das palavras sábias de Abraham Lincoln:

"Se eu tivesse oito horas para derrubar uma árvore, eu passaria seis horas afiando meu machado".

Boa sorte com *seu* machado!

CAPÍTULO 5 OBSERVE AS REGRAS DO JOGO DO EXAME

5. VIRE SUAS PROVAS. FAZENDO UM EXAME ESCRITO

"Não vá para a lagoa de peixes sem rede."
Provérbio japonês

ANTES

CERTIFIQUE-SE QUE VOCÊ TEM TUDO DE QUE PRECISA.

Se tiver um **cartão oficial do exame** ou papel com seu número de candidato, verifique se está levando-o com você.

Descubra de antemão o que será fornecido na sala de exame e **o que você deve levar consigo**. Lembre-se que é sempre bom ter alguns itens extras, como canetas e lápis. Um relógio de pulso é uma ideia muito boa também. E sempre pergunte se pode levar uma garrafa de água com você na sala de exame.

Verifique se há **algum item que não pode levar consigo**. Para um exame de língua estrangeira, por exemplo, é permitido levar um dicionário monolíngue ou bilíngue?

E leia novamente as **estratégias antes do exame** na página 92. Alguma estratégia naquela página pode ajudá-lo a entrar no espírito do exame?

E sempre faça um esforço especial para **chegar na hora certa**. Na verdade, é mais prudente **chegar bem cedo**, para ter um pouco de tempo para se preparar psicologicamente para o exame. Todos os anos, um monte de jovens desesperados chega para os exames vestibulares após o fechamento dos portões. Essa não é a melhor maneira de começar sua carreira universitária!

Uma ótima dica, principalmente para cidades grandes, é a seguinte: calcule o tempo que normalmente leva para chegar ao local e destine o dobro desse tempo. Por exemplo, se normalmente, leva 30 minutos para chegar a algum lugar, você deve sair de casa PELO MENOS uma hora antes. É uma regra infalível que serve para qualquer compromisso.

QUANDO O EXAME COMEÇA

RESERVE UM MOMENTO PARA LER AS INSTRUÇÕES INICIAIS COM ATENÇÃO.

Faça isso, mesmo se você acha que sabe todas as instruções de cor. Em seguida, faça **exatamente** o que está sendo pedido. Se a instrução disser que você deve responder a três perguntas de uma determinada seção e quatro de uma seção diferente, então é isso o que deve fazer. Nem mais, nem menos. Você não receberá mais pontos por responder a perguntas extras em uma seção – mesmo se as suas respostas estiveram brilhantes – e isso vai reduzir o seu tempo para outras coisas.

ANOTE OS HORÁRIOS.

Você já sabe quanto tempo dura o exame e quanto tempo você tem, portanto, para cada questão ou seção. Se você não sabe, então não fez sua lição de casa corretamente! Transfira esses tempos em horas reais no relógio e anote isso na parte superior do seu rascunho. Reserve dez a quinze minutos no final para reler tudo. Se estiver sob pressão, esse tempo pode muito bem ser usado para terminar de escrever suas respostas, mas tente sempre deixar algum tempo para revisão.

Por exemplo, se você tiver um exame com três horas de duração (por exemplo, das 9h às12h) e você tiver de responder a três questões de igual peso, seus horários seriam:

9h – 1ª questão
9h55 – 2ª questão
10h50 – 3ª questão
11h45 – Revisão

É aconselhável fazer isso antes de começar o exame, assim que você souber a que horas precisamente a prova começará e terminará. Isso não leva mais de um momento para fazer, e o ajudará a manter o rumo. Você não precisa seguir rigidamente ao esquema de horários, mas evite ultrapassar muito o tempo calculado para qualquer questão.

LEIA TODO O EXAME UMA VEZ.

Faça isso antes mesmo de começar a responder a qualquer pergunta. Pode parecer um desperdício de tempo precioso, mas é extremamente importante e pode ajudá-lo de várias maneiras.

Em primeiro lugar, lhe dará um pouco de tempo para acalmar-se e se concentrar, e, se você também respirar de maneira lenta e profunda, isso irá deixá-lo relaxado e com energia.

Em segundo lugar, isso o deixará "ligado" e fará com que você pense, concentradamente, sobre o assunto – uma espécie de aquecimento mental –, e também o ajudará a começar a se lembrar de informações relevantes. Você poderá até anotar o que lhe vier à mente à medida que estiver lendo.

Em terceiro lugar, ter uma visão geral de todas as questões não só irá ajudá-lo a fazer a melhor escolha sobre quais questões responder (quando *há* uma escolha), mas também irá ajudá-lo a pensar sobre como você pode distribuir o seu conhecimento entre diferentes questões, especialmente quando houver questões sobre o mesmo assunto.

> **53**
> Você é um leitor cuidadoso?
> Faça o **Teste de Leitura Cuidadosa** na página 133.
> Lembre-se de ler e seguir atentamente as instruções.

PARA RESPOSTAS EM FORMA DE REDAÇÃO, ESCOLHA UMA PERGUNTA SOBRE A QUAL VOCÊ SE SENTE (RAZOAVELMENTE) CONFIANTE.

A maioria dos exames hoje em dia nos permite responder às perguntas em qualquer ordem, e é uma boa ideia começar com uma pergunta ou seção que lhe agrade. Isso vai ajudá-lo a se sentir menos nervoso e mais relaxado, o que por sua vez irá facilitar suas habilidades de pensamento. (Lembre-se de como o estresse pode prejudicar a nossa capacidade de funcionar da melhor forma.) Escrever rapidamente suas respostas nessa fase é também muito importante. Além de não começar atrasado, isso vai lhe dar, logo no início, a sensação de estar progredindo rápido, além de levantar seu moral. Assim que entrar no ritmo do exame, você será mais capaz de lidar com questões mais desafiadoras.

USE AS ESTRATÉGIAS DA ÚLTIMA SEÇÃO – "OBSERVE AS REGRAS DO JOGO DO EXAME".

1. Leia a questão com muito cuidado e sublinhe as palavras-chave.
2. Use o rascunho para anotar suas ideias ou fazer um mapa mental.
3. Dê estrutura à sua resposta.
4. Escreva anotações muito curtas para uma introdução e uma conclusão.
5. Escreva a sua resposta no papel do exame.

PARA RESPOSTAS DE MÚLTIPLA ESCOLHA, PREENCHA A LACUNA, RESPOSTAS CURTAS ETC., FAÇA O QUE PUDER!

Para esses tipos de perguntas, é uma boa ideia:

1. Folhear rapidamente e responder a todas aquelas questões que você sabe responder facilmente. Isso lhe dará a sensação de estar começando bem, o que aumentará a sua confiança.

2. Em seguida, deve-se voltar e lidar com as perguntas que você sabe responder mais ou menos, mas precisa pensar um pouco mais.

3. Finalmente, deve-se confrontar qualquer questão que você ache que não tem a menor ideia da resposta. Leia-a toda e respire profunda e lentamente. Pergunte-se:
Se eu soubesse a resposta, qual seria?

Observe o que vem à mente e responda à pergunta de forma intuitiva. Em suma, adivinhe!

Muitas vezes temos medo de adivinhar, mas, na verdade, sabemos muito mais do que pensamos, porque uma boa parte do nosso aprendizado é inconsciente. Quando estamos nervosos em um exame, nosso conhecimento inconsciente fica muito mais difícil de ser acessado. Ele é acessado facilmente quando usamos a respiração para relaxar. Você pode se surpreender com o quanto consegue se lembrar dessa maneira.

E, de qualquer modo, é muito melhor "chutar" do que não escrever nada. Nunca deixe nenhuma pergunta sem resposta. Você certamente não ganhará notas por ter escrito… nada!

E SE VOCÊ NÃO SOUBER RESPONDER E NÃO CONSEGUIR PROSSEGUIR NO EXAME?

O que acontece se você fica paralisado no exame? Se der um branco? Se de repente você não conseguir pensar?

Se isso acontecer no meio de uma questão, deixe essa pergunta de lado e preste atenção em outra.

Se isso não ajudar (ou se isso acontecer logo no início do exame), então é um bom momento para recorrer a algumas daquelas estratégias TIGRE. Mas, antes de tudo, em vez de pensar demais, tente não pensar em nada, apenas por 30 segundos, para limpar sua mente. Sim, isso não é nada fácil quando o tempo é tão precioso, mas é muito importante.

Em seguida, faça qualquer uma dessas coisas:

1. Qual foi a sua maneira positiva de pensar sobre o exame? Lembre-se disso agora. (T, página 72)

2. Você se lembra de seu filme de sucesso? Veja e ouça ele novamente agora. (I, página 76) (Se você criou um atalho, poderá simplesmente usar sua senha para ativá-lo.)

3. Diga algumas afirmações úteis para si mesmo repetidamente em sua mente. (G, página 81)

4. Você se lembra de sua palavra, expressão, ou música? Ouça isso em sua mente agora. (R, página 84)

5. Faça algumas respirações lentas, profundas e controladas por algum momento. (E, página 88)

6. Você também pode, simplesmente, mudar a posição do corpo. Mesmo se fizer isso bem pouquinho, afetará a forma como você está se sentindo e pensando. (Você se lembra da ilustração na página 85?) Obviamente você não pode fazer nada radical no meio de um exame escrito. Levantar-se e dançar rumba talvez não seja uma boa ideia. Mas, mesmo se você mudar a sua posição minimamente, isso poderá ajudá-lo a mudar o seu pensamento.

CAPÍTULO 5   OBSERVE AS REGRAS DO JOGO DO EXAME

Aqui estão algumas ideias (razoavelmente sutis) para você escolher:

Virar a cabeça suavemente de um lado para outro algumas vezes para liberar a tensão no pescoço e facilitar o fluxo sanguíneo para o cérebro.

Entrelaçar as mãos atrás da cabeça e abrir os cotovelos ao lado para liberar a tensão na parte superior das costas, ou simplesmente empurrar os ombros para trás e expandir o seu peito.

Levantar e abaixar, ou girar os ombros (com os braços abaixados) – também para liberar a tensão na parte superior das costas.

Apertar as nádegas algumas vezes – se isso o faz rir por dentro, vai ajudar você a se sentir menos tenso.

Girar os pulsos (como se você estivesse fazendo uma dança flamenca, mas debaixo da mesa).

Rapidamente esticar e apertar as mãos algumas vezes.

Exercitar seus dedos como se estivesse tocando piano – também debaixo da mesa.

Girar os tornozelos, e esticar e flexionar os pés ou cruzar e descruzar os tornozelos ou pernas.

Manter o polegar em um ângulo grande ajuda muito a aumentar as suas energias.

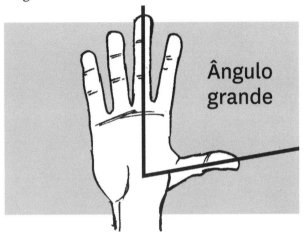

Aconteça o que acontecer, não fique *tentando* demais para se desatolar. Faça, ou pense sobre algo diferente por alguns momentos. *Qualquer coisa* diferente. E, em seguida, tente de novo.

QUANDO O EXAME TERMINA

O ideal é que você tenha deixado algum tempo no final para reler (um pouco) o que você escreveu. Pelo menos verifique se seu número de candidato está no exame e que está correto, e verifique de novo se você colocou os números de suas respostas corretamente. Se você tiver algum tempo sobrando para reler as respostas, tanto melhor. Verifique as coisas básicas, como ortografia, pontuação e legibilidade nesta fase e preencha com "chutes" qualquer pergunta que você tenha deixado em branco.

Parabéns! Você terminou!

ALGO MAIS

1. DICAS PARA MOMENTOS DIFÍCEIS
2. DE ONDE VÊM AS IDEIAS?
3. PERGUNTAS PARA AJUDÁ-LO A DESCOBRIR SUAS PREFERÊNCIAS SENSORIAIS
4. PERGUNTAS PARA FAZER VOCÊ PENSAR SOBRE SUAS PRINCIPAIS INTELIGÊNCIAS MÚLTIPLAS
5. TESTE DE LEITURA CUIDADOSA

1. DICAS PARA MOMENTOS DIFÍCEIS

FAÇA UMA PAUSE E MIME-SE

Mesmo com as melhores intenções do mundo, pode haver momentos difíceis na preparação para os seus exames: dias em que você se sente desanimado ou acha que se exige demais. Você não entende o porquê, é difícil demais etc. etc.

Se em algum momento você se sentir assim, preste atenção ao sentimento, porque ele estará lhe dizendo algo. Ele está mandando

na pausa e arranjar um tempo para recarregar suas ba-
algo diferente, faça *qualquer* coisa diferente. Talvez se
om algo.
sita ao jardim zoológico? Um pulo à academia? Uma vi-
pping center? Um corte de cabelo? Um mergulho na pis-
piquenique no parque? Encontrar-se com um amigo que
vê há tempos? Até mesmo dar uma volta no quarteirão?
nicure? Uma massagem? Um café em um lugar agradável?
ue você não faz há muito tempo? Faça isso hoje.
nbre-se do Modelo Mercedes. Se você *fizer* algo diferente,
ai *se sentir* diferente.

USE SUAS ESTRATÉGIAS

Após a sua pausa, lembre-se de todas as estratégias para se manter no rumo que temos falado ao longo deste livro. E talvez este seja um bom momento para relembrá-lo das estratégias no CAPÍTULO 1 para criar e manter a sua motivação. Será que você perdeu momentaneamente de vista as suas razões para fazer o exame?

LEMBRE-SE NOVAMENTE POR QUE ESTÁ FAZENDO ISSO AGORA MESMO!

Se você escreveu os seus motivos (Você escreveu, não é? – Veja Tarefa 1), então olhe para todos eles novamente. Leia em voz alta algumas vezes.

Se você nem sequer escreveu seus motivos, então, escreva-os agora. Leia e fale em voz alta todos eles. Não se esqueça de colocá-los em algum lugar bem visível.

LEMBRE-SE NOVAMENTE AGORA DE TODAS AS CONSEQUÊNCIAS POSITIVAS DE PASSAR NO EXAME.

Quais portas isso vai abrir para você? Como é que vai mudar sua vida para melhor? Pare um momento para pensar um pouco sobre essas questões. E – se você já não fez isso – escreva os seus pensamentos.

PARE UM MOMENTO PARA IMAGINAR COMO VAI SER QUANDO VOCÊ PASSAR NESTE EXAME.

Veja, ouça, sinta, e divirta-se com a experiência de passá-lo.

NÃO PERCA DE VISTA O SEU SONHO E COMO ESTE EXAME ESTÁ LEVANDO VOCÊ PARA A SUA REALIZAÇÃO.

Este é um bom momento para reler a sua declaração de missão pessoal (veja Tarefa **10**). Se você não escreveu isso antes, então o melhor momento para fazer isso é agora!

COMPARTILHE SUAS PREOCUPAÇÕES COM ALGUÉM.

Encontre alguém para conversar, um ombro para chorar, um rosto amigável. Busque apoio e confiança restabelecida cara a cara, por telefone, via mensagem de texto ou *e-mail*. Um problema compartilhado é um problema reduzido à metade.

2. DE ONDE VÊM AS IDEIAS?

As ideias contidas neste livro vêm de uma ampla variedade de fontes e isso se reflete na BIBLIOGRAFIA.

Uma das nossas principais fontes foi *Aprendizagem Acelerada*, que veio originalmente do trabalho de Georgi Lozanov na Bulgária. O método de Lozanov – *Suggestopedia* – para a aprendizagem de línguas enfatizou a importância da música e do relaxamento no processo de aprendizagem, permitindo que o cérebro recebesse quantidades enormes de informações, e as retivesse. Desde então a *Aprendizagem Acelerada* se tornou um termo genérico para muitos conceitos e métodos relacionados, todos que têm como objetivo tornar o aprendizado mais fácil, mais rápido, mais eficiente, memorável e mais agradável, e inclui abordagens como Ginástica do Cérebro, Inteligências Múltiplas, métodos de aprendizagem do cérebro inteiro e multissensoriais.

Outra fonte principal foi a PNL (Programação Neuro Linguística). A PNL explora a forma como recebemos informações do mundo exterior e como processamos e respondemos a essas informações internamente. Trata também de como usamos a linguagem para falar e compreender os outros, mas, ainda mais importante, como usamos palavras para falar e entender a nós mesmos. O que a PNL nos permite fazer é trazer para a nossa *consciência* muitas coisas que já estamos fazendo *inconscientemente*. Uma vez que temos consciência do que estamos fazendo e dizendo, podemos começar a fazer alterações, se quisermos. No cerne da PNL está o conceito de modelagem: quando descobrimos as estratégias (muitas vezes inconscientes) de pessoas que são excelentes no que fazem, podemos aprender e praticar essas mesmas estratégias e tornarmos excelentes nós mesmos.

Os pensamentos de Stephen Covey também têm contribuído para a nossa abordagem (veja seus livros na **BIBLIOGRAFIA**), em especial, a sabedoria de começar qualquer projeto com o fim em mente, e de criar uma declaração de missão pessoal. A ideia de usar essa declaração para orientar as suas tomadas de decisões é muito poderosa: isso permite priorizar quais atividades são mais e menos importantes em sua vida e alocar o seu tempo com sabedoria.

E Jane e Jack! É justo dizer também que muitas das ideias contidas neste livro são bem nossas. Elas são baseadas em nossos anos de experiência (não vamos dizer exatamente quantos!) prestando exames de todos os tipos e também preparando nossos alunos e clientes para fazer exames. Nós cometemos muitos erros ao longo do caminho, e esses erros nos têm ajudado a aumentar a nossa conscientização do que pode dar errado e que tipo de precauções podemos tomar.

Gostaríamos de pedir desculpas se esquecemos qualquer agradecimento. Queremos agradecer especialmente Beccy Blake e Mal Peet por seus ótimos desenhos e, por último, mas não menos importante, Bob Janes, por todo o seu suporte técnico, e Raphael Lamas, por todas as suas sugestões e apoio.

3. PERGUNTAS PARA AJUDÁ-LO A DESCOBRIR SUAS PREFERÊNCIAS SENSORIAIS

Leia as perguntas abaixo e marque com √ todas aquelas em que sua resposta for SIM.

Conte quantas você marcou em cada seção.

A

1. Você tende a inclinar a cabeça para um lado (e olhar para baixo) quando ouve alguém falar? ☐

2. Você prefere gravar uma apresentação ou palestra em vez de fazer anotações? (Quando tiver a opção.) ☐

3. Você presta atenção especial às vozes das pessoas? (Mais do que aparência delas, por exemplo?) ☐

4. Você gosta de bater papo com as pessoas, ouvir música, cantar, contar histórias? ☐

5. Você é bom em imitar sotaques e contar piadas? ☐

6. Você tende a falar muito? ☐

7. Você costuma falar para si mesmo em voz alta? ☐

8. Você tende a mover seus lábios quando você está concentrando, lendo ou pensando sobre alguma coisa? ☐

9. Você prefere dizer/explicar algo às pessoas do que escrever ou mostrar para elas? ☐

10. E você prefere que as pessoas lhe digam algo, em vez de lhe mostrar ou lhe dar instruções escritas? ☐

TOTAL: _____

B

1. Você tem um acúmulo de coisas? O seu espaço de trabalho ou quarto parece desarrumado para outras pessoas? (Mas *você* sabe onde encontrar as coisas!) ☐

2. É mais importante para você usar roupas confortáveis ao invés de parecer bonitas? ☐

3. Você faz muitas anotações quando está ouvindo uma apresentação ou palestra, mas raramente olha para elas novamente? (Ou você rabisca?) ☐

4. Você acha difícil ficar imóvel enquanto ouve uma música ou um trecho de uma música? ☐

5. Na verdade, você acha muito difícil ficar imóvel por muito tempo *não importa* o que você esteja fazendo? ☐

6. Você gosta de atividades físicas como dança, ioga, Pilates, natação, fazer *cooper*? ☐

7. Você respira e fala relativamente lentamente? ☐

8. Você se mexe enquanto se comunica com as pessoas e/ou faz grandes gesticulações? ☐

9. Você prefere *mostrar* às pessoas o que fazer do que dizer-lhes ou anotar para elas? ☐

10. E você prefere que as pessoas *mostrem* para você e peçam para você fazer, em vez de dizer para você ou lhe dar instruções escritas? ☐

TOTAL: _____

C

1. Você gosta que as coisas ao seu redor estejam limpas e arrumadas? ☐

2. É mais importante para você usar roupas que pareçam bonitas ao invés de se sentir confortável? ☐

3. Você presta atenção ao que as pessoas estão vestindo, esquemas de cores, edifícios, paisagens? ☐

4. Você tende a ler placas na rua, avisos, pacotes de cereais etc.? ☐

5. Você faz anotações dos pontos-chave quando ouve uma apresentação ou palestra? Se sim, você lê as anotações novamente? ☐

6. Você gosta de atividades como tirar fotos, desenhar, pintar, ler? ☐

7. Você respira e fala relativamente rápido? ☐

8. Você permanece relativamente imóvel enquanto fala com as pessoas e usa poucos gestos? ☐

9. Você prefere escrever as instruções para as pessoas do que mostrá-las ou dizê-las o que fazer? ☐

10. E você prefere que as pessoas escrevam as coisas para você ler do que lhe mostrem ou digam? ☐

TOTAL: _____

4. PERGUNTAS PARA FAZER VOCÊ PENSAR SOBRE SUAS PRINCIPAIS INTELIGÊNCIAS MÚLTIPLAS
(ADAPTADO E RESUMIDO DE COLIN ROSE E MALCOLM NICHOLL, 1997)

Leia as perguntas abaixo e marque com √ todas aquelas em que a sua resposta é SIM.
Conte quantas você marcou para cada seção.

A

Você gosta de estar na natureza, trabalhar com a terra, fazer atividades de jardinagem? ☐

Você sabe citar os nomes de muitas plantas, árvores e flores diferentes? ☐

Você gosta de animais e sabe bastante sobre eles? ☐

Você está interessado em questões de saúde e como o corpo funciona? ☐

Você está preocupado com o meio ambiente e a conservação da natureza? ☐

Você está interessado em astronomia e em como a vida começou? ☐

TOTAL: _____

B

Você gosta de brincar com palavras, fazer palavras cruzadas, usar seu vasto vocabulário? ☐

Você gosta de ler livros, histórias, poemas, jornais, revistas? ☐

Você sabe se expressar bem quando fala e/ou escreve? ☐

Você gosta de ouvir informações *on-line* ou no rádio? ☐

Você gosta de falar sobre as coisas – para si mesmo e para outras pessoas? ☐

Inglês é/era a sua matéria favorita na escola? ☐

TOTAL: _____

C

Você gosta de passar o tempo sozinho, seja fazendo coisas sozinho ou apenas pensando? ☐

Você tem um diário para registrar seus pensamentos? ☐

Você gosta de fazer as coisas do seu jeito e evitar as multidões? ☐

Você se considera uma pessoa muito independente? ☐

Você sabe muito bem no que é bom e no que não é? ☐

Você gosta de descobrir coisas sobre si mesmo (a partir de livros, *workshops* etc.)? ☐

TOTAL: _____

D

Você sabe tocar um instrumento musical? ☐

Você é um bom cantor? ☐

Você gosta muito de ouvir música? ☐

Você tem um bom senso de ritmo e às vezes acompanha o ritmo da música com os dedos? ☐

CAPÍTULO 6 **ALGO MAIS**

Você consegue se lembrar de músicas com muita facilidade? ☐

Você costuma cantar, assobiar ou cantarolar? ☐

TOTAL: _____

E

Você gosta de pintura, escultura, arquitetura…? ☐

Você gosta de desenhar, tirar fotos, fazer vídeos? ☐

Você é bom em interpretação e criação de gráficos e diagramas? ☐

Você tem um bom senso de direção e acha fácil ler mapas? ☐

É fácil para você visualizar algo a partir de um ângulo diferente ou algo que você nunca viu? ☐

Arte é/era sua matéria favorita na escola? ☐

TOTAL: _____

F

Você gosta de estar em um grupo ou de trabalhar em equipe? ☐

Você gosta de jogar com outras pessoas (como baralho ou *Banco Imobiliário*)? ☐

Você prefere esportes em equipes (como futebol) a atividades individuais (como correr)? ☐

Você se dá bem com muitas pessoas diferentes? ☐

Você prefere estar com as pessoas em uma festa a ficar sozinho em casa vendo televisão? ☐

Você prefere discutir seus problemas com outras pessoas ao invés de resolvê-los sozinho? ☐

TOTAL: _____

G

Você gosta de praticar esportes, exercícios, dança, ioga, atividades físicas? ☐

Você consegue pensar melhor sobre as coisas quando está caminhando, correndo ou em algum tipo de movimento? ☐

Você gosta de fazer coisas ou construir coisas? "Faça você mesmo"? Modelos? Quebra-cabeças? ☐

Você usa muito o seu corpo e as mãos para se expressar? ☐

Você prefere "fazer" algo do que ler um livro ou assistir a um DVD sobre isso? ☐

Educação Física, esportes, artesanato são/eram suas matérias favoritas na escola? ☐

TOTAL: _____

H

Você é bom em números e cálculos? ☐

Você gosta de jogos de números, quebra-cabeças lógicos e jogos de estratégia como o xadrez? ☐

Você está interessado em como as coisas funcionam? ☐

Você gosta de resolver problemas, analisar e classificar? ☐

Você gosta de trabalhar de forma sistemática e detalhada? ☐

Matemática é/era a sua matéria favorita na escola? ☐

TOTAL: _____

I

Você costuma se perguntar por que estamos aqui, o que significa isso tudo etc.? ☐

Você gasta muito tempo pensando sobre a vida após a morte e assuntos relacionados? ☐

Você acredita na possibilidade de outros mundos ou formas de vida além da nossa? ☐

Você gosta de ler livros e discutir ideias sobre filosofia e religião? ☐

Você está interessado em explorar as questões do bem e do mal? ☐

Quando criança, muitas vezes você fazia perguntas "grandes/complexas", que seus pais ou professores não sabiam responder? (Você ainda faz esses tipos de perguntas?) ☐

TOTAL: _____

Respostas:

A = naturalista, B = verbal/linguística, C = intrapessoal, D = musical/rítmica, E = visual/espacial, F = interpessoal, G = corporal/cinestésica, H = lógico-matemática, I = existencial

Por motivos de espaço, colocamos apenas seis perguntas para cada inteligência. Se você quiser investigar mais, faça a busca na internet – "teste de inteligências múltiplas" – a fim de acessar uma variedade de inventários e questionários mais detalhados. Você também vai encontrar um teste de inteligências múltiplas muito abrangente no livro *Accelerated Learning for the 21st Century* (Aprendizagem Acelerada para o Século 21) (veja BIBLIOGRAFIA) – embora a inteligência existencialista mais recente não esteja incluída).

5. TESTE DE LEITURA CUIDADOSA

NOTA IMPORTANTE ANTES DE COMEÇAR: Você vai precisar de uma **caneta** ou **lápis** e uma **folha de papel** para escrever.

Você tem apenas **quatro minutos** para fazer este pequeno teste e descobrir o quão cuidadoso você é na leitura. Olhe para o relógio – ou ligue um cronômetro. Lembre-se – quatro minutos!

Você está pronto? Comece agora!

1. Leia todas as perguntas com atenção antes de começar.
2. Escreva o seu nome completo no canto superior esquerdo de sua folha de papel.
3. Sublinhe o seu primeiro nome e faça um círculo no seu sobrenome.
4. Bata palmas cinco vezes.
5. Desenhe seis pequenos quadrados na horizontal, mais ou menos na metade da sua folha de papel.
6. Escreva um ponto de interrogação nos três quadrados à esquerda.
7. Escreva um X nos três quadrados à direita.
8. Desenhe um círculo em torno de cada quadrado.
9. Faça uma contagem regressiva de 10 a 1 em voz alta.
10. No canto esquerdo inferior do seu papel some 5.987 e 8.469.
11. Faça um círculo na resposta.
12. No canto direito inferior do seu papel, multiplique 197 por 351.
13. Adicione 748 ao total.
14. Sublinhe a resposta três vezes.
15. Levante-se e diga em voz alta: "Eu sou um leitor muito cuidadoso!".
16. Agora sente-se novamente.
17. No canto direito superior do seu papel, desenhe um retângulo.
18. Dentro do retângulo, desenhe dois triângulos de cabeça para baixo.
19. Levante-se e diga em voz alta: "Eu quase terminei e eu li as perguntas com atenção!".
20. Agora, sente-se novamente, coloque suas mãos sobre sua cabeça e tente tocar o nariz com a língua.
21. Agora que você terminou de ler todas as perguntas com cuidado, volte e responda apenas a segunda pergunta.

BIBLIOGRAFIA

Abaixo está uma pequena lista de livros e *sites* úteis. Caso você queira saber mais sobre uma determinada área, faça uma busca sobre o assunto na internet.

Quando o livro só existe em inglês, o título está em itálico, e há uma tradução literal entre parênteses.

Atenção: Se você é um novato em Pilates, é aconselhável começar com um instrutor qualificado, para aprender os princípios corretos de respiração, centramento e alinhamento desde o início.

LIVROS

Accelerated Learning for the 21st Century (Aprendizagem Acelerada para o Século 21) – Colin Rose & Malcolm J. Nicholl – Dell Publishing.

Brain Gym (Ginástica Cerebral) – Paul & Gail Dennison – Edu-Kinesthetics, Inc.

Brain Gym for Business (Ginástica Cerebral para os Negócios) – Gail E. Dennison, Paul E. Dennison and Jerry V. Teplitz.

Como Obter Sucesso em Concursos Públicos – Robert Oldman – Editora Impetus.

Como Passar em Provas e Concursos – William Douglas – Editora Impetus.

Como se Preparar para Concursos Públicos – Rogério Neiva – Editora Método.

BIBLIOGRAFIA

Como Usar o Cérebro para Passar em Provas e Concursos – William Douglas e Carmen Zara – Editora Campus.

Creative Visualisation for Dummies (Visualização Criativa para Leigos) – Robin Nixon – John Wiley.

Drawing on the Right Side of the Brain (Desenhando com o Lado Direito do Cérebro) – Betty Edwards – Penguin USA.

Guia de Aprovação em Provas e Concursos – William Douglas – Editora Campus.

In Your Hands (Em Suas Mãos) – Jane Revell & Susan Norman – Saffire Press.

Manual de Autocura – Meir Schneider – Editora Triom.

Mensagens de um Amigo – Anthony Robbins – Editora Record.

Natural Vision Improvement (Melhoria da Visão Natural) – Janet Goodrich – Penguin.

O 8º Habito – da Eficácia a Grandeza – Stephen Covey – Editora Campus.

O Alquimista – Paulo Coelho – Editora Sextante.

O Livro de Pilates – Joyce Gavin – Parragon Books.

Os 7 Hábitos das Pessoas Altamente Eficazes – Stephen Covey – Editora Best Seller.

Pilates – Uma Abordagem Anatômica – Paul Massey – Editora Manole.

Pilates for Dummies (Pilates para Leigos) – Ellie Herman – Running Press.

Pilates sem Riscos – Blandine Calais-Germain – Editora Manole.

Smart Moves (Movimentos Inteligentes) – Carla Hannaford – Great Ocean Publishers.

Sporting Excellence (Excelência nos Esportes) – David Hemery – CollinsWillow.

Success over Stress (Superando o Stress com Sucesso) – Jane Revell – Saffire Press.

Synchrodestiny (Sincrodestino) – Deepak Chopra – Rider.

The Mind Map Book (O Livro de Mapas Mentais) – Tony Buzan – Plume.

You Can Have an Amazing Memory (Você Pode Ter uma Memória Surpreendente) – Dominic O'Brien – Watkins Publishing.

SITES

Estilos de aprendizagem
Faça uma busca sobre o assunto na internet onde se encontrem também questionários para identificar seu estilo preferido de aprendizagem. Por exemplo: http://www.vark-learn.com/english (com questionário em português)

Inteligências Múltiplas
Faça uma busca sobre o assunto na internet onde se encontrem também questionários para identificar suas principais inteligências. Por exemplo:
http://www.opantheon.kit.net/subpages/inteligenciasmultiplasteste.htm

Mapas Mentais
Ferramentas *on-line* de mapeamento:
http://www.mindmeister.com/pt
http://www.mapasmentais.com.br/

A Memória
O site de Dominic O'Brien:
www.peakperformancetraining.org

Estresse
SMA (*International Stress Management Association*), a mais antiga e respeitada associação voltada à pesquisa e ao desenvolvimento da prevenção e do tratamento de estresse no mundo.
http://www.ismabrasil.com.br/

SOBRE OS AUTORES

JANE REVELL

Jane trabalha desde o início dos anos 1970 como professora de inglês, instrutora de professores e gerente em diferentes partes do mundo.

Ela é *Master Practitioner* e *Certified Trainer* de PNL (Programação Neurolinguística) para a INLPTA (International NLP Trainers Association – Associação Internacional de Trainers de PNL), o que lhe permite dar cursos de PNL para  professores e instrutores em sua casa, na Bretanha (França), e no exterior. Ela também tem qualificações em psicoterapia, gerenciamento de estresse, cinesiologia educacional e *fitness* pessoal. Mais recentemente, ela se formou como instrutora de Pilates.

Além de seus muitos livros-cursos e livros para professores na área do Ensino da Língua Inglesa, ela é também coautora de livros muito elogiados sobre PNL: *In Your Hands* e *Handing Over* e, em 2000, publicou *Success Over Stress*.

Jane mora na Bretanha, no noroeste da França, com seu marido, Bob, e três gatos brancos e pretos. Ela escreve livros, dá cursos de formação, aulas de inglês e Pilates (às vezes os dois cursos juntos!), e – quando o tempo permite – gosta de jardinagem e de nadar no mar gelado.

E-mail: *jane@janerevell.com*
Website: *www.janerevell.com*

JACK SCHOLES

Jack nasceu na Inglaterra e formou-se em Alemão e Russo pela Universidade de Liverpool, com pós-graduação em Educação e Ensino de Inglês como Língua Estrangeira na Universidade de Londres. Formou-se também *Master Practitioner* em Programação Neurolinguística com o Dr. Richard Bandler, cocriador dessa ciência.

Possui mais de 40 anos de experiência profissional na área de ensino de inglês para estrangeiros em vários países ao redor do mundo, como Inglaterra, Alemanha, Nepal, Austrália, Hong Kong, Taiwan, Uruguai, Chile, Argentina e, no Brasil, onde é também um renomado palestrante. Além de artigos publicados em revistas nacionais e internacionais, Jack é autor dos livros *Guitar Glory* (Saraiva), *Inglês para Curiosos* (Papier), *OK! Curiosidades Divertidas do Inglês* (Campus), *Slang – Gírias Atuais do Inglês* (Disal Editora), *Modern Slang* (Disal Editora), *Slang Activity Book* (Disal Editora), *Gems of Wisdom* (Disal Editora), *Break the Branch? – Quebrar o Galho* (Disal Editora), *Why Do We Say That? – Por Que Dizemos Isso?* (Campus/Elsevier), *The Coconut Seller* (Helbling Languages), e *Inglês Rápido* (Disal Editora).

E-mail: *jack@jackscholes.com*

Conheça também, de Jack Scholes:

www.disaleditora.com.br

Este livro foi composto nas fontes Burbank, Whitman e National
e impresso em junho de 2012 pela Yangraf Gráfica e Editora Ltda,
sobre papel offset 90g/m².